한 번에 끝내는
중학 세계사
워크북

① — 고대와 중세

이정화 · 안혜진 · 이성민 · 박경진 지음

성림원북스

똑똑독 연구소(ddokddokdok.com)

똑똑독 연구소는 열정 넘치는 독서지도사 선생님들이 새롭고 다양한 교재를 개발하고자 모인 단체이다. '똑똑한 독서나라, 똑똑독'은 학생들이 책을 단순히 읽는 데 그치지 않고, 주제를 깊이 이해하고 비판적으로 수용한 뒤 자신의 삶에 적용할 방법을 찾게 하는 교재를 공급하자는 목표로 만든 인터넷 사이트이다.

한 번에 끝내는
중학 세계사 워크북
❶ — 고대와 중세

ⓒ 이정화 · 안혜진 · 이성민 · 박경진, 2021

초판 1쇄 인쇄 2021년 10월 05일
초판 3쇄 발행 2024년 1월 22일

지은이 이정화 · 안혜진 · 이성민 · 박경진
펴낸이 이성림
펴낸곳 성림북스

책임편집 노은정
디자인 쏘울기획

출판등록 2014년 9월 3일 제25100−2014−000054호
주소 서울시 은평구 연서로3길 12−8, 502
대표전화 02−356−5762 **팩스** 02−356−5769
이메일 sunglimonebooks@naver.com

ISBN 979−11−88762−28−6 44900
ISBN 979−11−88762−27−9 44900(세트)

머리말 – 활동 안내

어려운 중학교 세계사, 워크북이 도와줄게요!

"다음 달부터 세계사 책 읽고 수업할 거야."라고 말하는 순간, 반짝이던 예쁜 눈동자는 어디 가고 책상이 무너져라, 한숨이 공부방 안을 가득 채웁니다. 함께 읽을 책을 보여 주면 한숨은 열 배로 늘어나지요. 세계사가 그런 대접을 받는 건 어찌 보면 당연해요. 사실 요즘 학생들 해야 할 공부에, 다녀야 할 학원에, 잠 덜자고 레벨 올려야 할 게임까지, 할 일이 너무 많잖아요. 그러니 몇 천 년의 역사를, 자신은 물론 주변 누구와도 상관없다 싶은 데다 복잡하기는 너무 복잡한 세계사에 엄두를 내기 어려운 것도 맞는 말이지요.

그런 의미에서 『한 번에 끝내는 중학 세계사』로 세계사를 읽고, 학습하려고 이 워크북을 펼쳐 든 학생들에게 먼저 칭찬을 👍 보내주고 싶어요. 제목은 끌리지만 두툼한 책 두 권이라는 분량만으로도 저만치 밀어내고 싶은 마음을 이겨내고 펼쳐 들었으니까요.

새로 바뀐 학교 교육 과정에서는 중학교 2학년이면 세계사를 배우니 모른 척하기도 좀 불안하고, 공부하자니 뭘 어떻게 해야 할까 싶기도 할 거예요. 예습 삼아 교과서를 읽는 바람직한 학생들도 있겠지만, 교과서를 훑어보며 세계사가 더 무서워지는 학생도 있겠지요.

학생들과 역사 수업을 진행하는 선생님 입장에서 볼 때 역사 교과서는 아주 잘 만들어진 요약본 세계사 책이에요. 요리조리 잘 접어 깜찍한 가방 안에 넣어 놓은 텐트처럼. 문제는 캠핑 초보가 텐트를 조립하려고 가방을 열고 이것저것 꺼내 늘어놓는 순간 뭐

3

가 뭔지 하나도 모르는 엉망진창이 된다는 거예요. 그래서 텐트 조립 설명서가 준비되어 있듯 「한 번에 끝내는 중학 세계사」 책이 나온 거였어요. 하지만 설명서가 있다고 뚝딱뚝딱 텐트가 완성되는 건 아니에요. 설명서 따위 보지 않아도 감으로 완성하는 황금손도 있고, 설명서 한번 휘리릭 넘겨보면 끝나는 은손도 있겠지만, 우리들 대부분은 설명서를 봐도 뭐가 뭔지 실마리를 잡기가 쉽지 않아요. 이럴 때 현대를 사는 우리는 스마트폰을 들고 유튜브 검색을 하지요. 그러고는 친절한 동영상을 따라 하며 텐트든 맛난 간식이든 만들어 냅니다.

　이 워크북은 세계사 학습의 황금손이 되는 길을 안내하는 유튜브 동영상이라고 생각해 주세요. 오랜 기간 꽤 많은 학생과 함께 공부한 선생님들이 각자의 경험을 끌어모아 만들었으니 믿고 함께 갈 거죠?

　활동을 하나하나 살펴보기 전에 이 워크북이 어떻게 구성되어 있는지 전체를 훑어보도록 할게요.

이렇게 구성되어 있어요

1단계 : 〈책을 읽기 전에〉, 〈책을 읽으며〉는 본문을 읽기 전에 어떤 내용을 배울지, 알아둬야 하는 용어들이 무엇인지 등을 안내하며 본격적인 읽기를 준비하는 단계예요. 준비 단계의 중요성, 더 언급하지 않아도 잘 알죠?

2단계 : 〈한눈에 보기〉는 각 장을 읽으며 알아본 내용을 한눈에 파악하기 쉽도록 표와 도식 등을 활용하여 구조화해 보는 단계예요. 핵심적인 내용을 쉽게 기억할 수 있도록 말이죠.

3단계 : 〈역사 논술〉은 책에서 설명하고 있는 주요 사건들에 대한 맥락과 의의를 잘 파악하고 있는지를 서술형으로 정리하는 단계예요. 역사적 사건에 대한 자신의 의견을 조리 있게 밝히는 내용도 포함되어 있어요.

4단계 : 〈실력 키우기〉는 활동의 마지막 단계로, 각 장에서 학습한 내용을 활용해 자기 실력을 종합적으로 파악해 보는 활동이에요.

> ### 책을 읽기 전에
>
> 🌏 02장 본문을 통해 알아두어야 할 내용이 무엇인지 생각하며 다음을 읽어 보자.
>
> - 인류의 출현과 진화 과정을 단계별로 설명해 보세요.
> - 농경 생활이 시작되면서 인류에 어떤 변화가 나타났나요?
> - 문명이 발생하는 과정과 조건, 4대 문명 발상지의 공통점에 대해서 알아봅시다.
> - 대표적인 4대 고대 문명의 특징을 각각 설명해 보세요.

가장 먼저 할 일은 본 책을 읽기 전에 워크북을 먼저 펼쳐보는 거예요. 아래처럼 장마다 〈책을 읽기 전에〉라는 제목으로 해당 장을 더 잘 읽기 위해 마음을 열고 생각을 깨우는 활동이 제시되어 있어요. 각 장마다 활동 내용이 조금씩 다르니 '책을 읽기 전에 이런 활동을 하면 좋구나.' 하는 마음을 갖고 수행해 보세요. 본문 읽기를 위해 예열하며 준비하는 시간이니 너무 긴 시간을 할애하거나 에너지를 많이 쓰지 않아도 됩니다.

1단계 ② - 책을 읽으며

> ### 책을 읽으며
>
> 1. 선사 시대 인류의 진화 과정과 고대 문명에 대한 내용을 읽으며 중요하다고 생각하는 부분에 밑줄 쳐 보자.

    읽기 전 활동을 끝내면, 이제 본격적으로 책을 읽습니다. 〈책을 읽으며〉는 밑줄 치기 활동으로 책 본문을 읽는 과정에서 수행하는 활동입니다.

    밑줄을 치며 읽으면 시간은 더 걸리겠지만, 세계사를 공부하려면 '빨리 읽어 버리기'는 곤란해요. 그러면 읽은 내용 중에 머릿속에 저장되는 건 거의 없을 테니까요. 혹시 저장되는 듯해도 책을 덮는 순간 스르르 연기처럼 사라져 버릴 거예요. 그러므로 속도보다 해당 내용을 이해하고 기억하려는 마음을 부여잡고 읽어 보세요. 중요한 내용을 잘 모르겠다, 싶으면 한 문단을 차근차근 읽고 나서 중요한 내용을 생각해 본 다음 그 부분에 밑줄을 치는 것도 좋습니다. 다음 활동이 빈칸 채우기이니 빈칸이 될 것 같은 부분을 찾아 밑줄 치는 것도 방법이지요.

2. 부분별로 읽은 내용을 생각하며 빈칸을 채워 보자.

🅑 손이 자유로워지면서 진화가 시작되다: 인류의 출현과 진화

1) 약 (   ) 년 전 초기 인류 화석인 (   )가
   아프리카 남쪽에서 발견되었다.

2) 180만 년 전 새로운 인류인 호모 에렉투스가 등장했다. 그들은 등이 완전히 펴졌
   으며 (   )와 (   )을 사용했다.

책을 읽으며 해야 할 활동 두 번째는 소제목에 따른 부분별로 워크북 빈칸 채우기 활동을 수행하는 것입니다. 정확히 말하면 읽은 후 활동이지요. 각 장별로 단숨에 읽은 다음 빈칸을 채워도 되지만, 한 번에 하는 공부 분량을 줄일수록 기억하기 쉬울 테니 소제목에 딸린 내용별로 읽고 수행하기를 추천합니다.

빈칸 채우기를 하다 보면 생각보다 어렵다고 느낄 수 있습니다. 그럴 때는 잠시 멈춰 자신의 책 읽기 과정을 돌아보세요. 대충 읽어서 어려울 수도 있고, 꼼꼼히 읽지 않아서 그럴 수도 있고, 내가 생각하는 중요한 내용과 빈칸 부분이 좀 다를 수도 있어요. 무엇보다 세계사 내용이나 어휘가 낯설어 책을 보지 않고는 생각이 안 날 수도 있어요. 그렇게 내가 힘들어하는 이유가 무엇인지 스스로 생각하고 하나하나 해결해 간다면 세계사 공부를 통해 공부법 훈련도 하는 일거양득도 가능합니다.

만약 빈칸 채우기가 너무 어려워 책을 덮고 싶어지면 일단 밑줄 치며 읽은 다음, 정답을 보고 빈칸을 먼저 채우고 다시 읽으며 내용을 되새겨 보는 것도 괜찮습니다. 밑줄 긋기부터 힘들다면 정답을 보고 빈칸을 채운 다음, 그 내용에 해당하는 본문에 밑줄을 그어 보는 것도 좋아요. 물론 정답의 도움을 받은 후 다시 한번 읽어 보아야 스스로 해결할 수 있는 시간도 빨리 옵니다.

어느 것이든 자신에게 맞는 방법을 활용해 각 장 내용을 다 읽고 나면 읽기 과정의 마무리 활동이 기다립니다.

---

3. 2장 내용을 세 부분으로 나눠 제목을 붙이고 정리해 보자.

2장의 독후 활동은 2장 전체를 관련된 내용끼리 분류하고 어울리는 제목을 붙이는 것입니다. 이와 같은 독후 활동을 통해 전체 장을 자신의 말로 정리하거나 기억하면 좋겠습니다. 이렇게 하면, 가장 지루하고 재미는 없지만 세계사 학습의 기본인 1단계 활동이 끝이 납니다. 해당 부분의 세계사와 그만큼 친해진 것은 말할 것도 없지요.

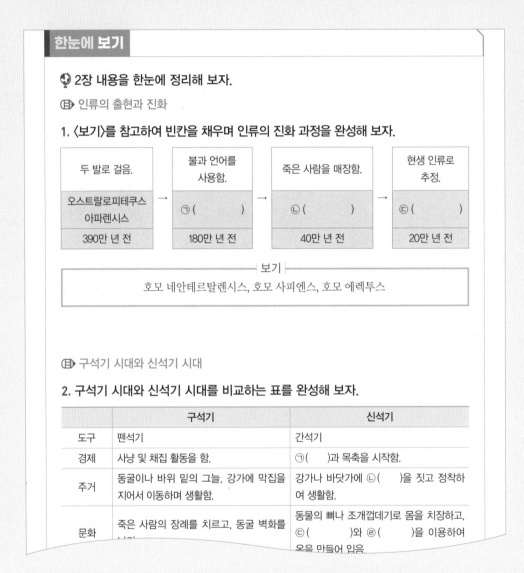

한눈에 보기

🔍 2장 내용을 한눈에 정리해 보자.

🅑 인류의 출현과 진화

1. 〈보기〉를 참고하여 빈칸을 채우며 인류의 진화 과정을 완성해 보자.

두 발로 걸음.		불과 언어를 사용함.		죽은 사람을 매장함.		현생 인류로 추정.
오스트랄로피테쿠스 아파렌시스	→	㉠ ( )	→	㉡ ( )	→	㉢ ( )
390만 년 전		180만 년 전		40만 년 전		20만 년 전

―――― 보기 ――――
호모 네안데르탈렌시스, 호모 사피엔스, 호모 에렉투스

🅑 구석기 시대와 신석기 시대

2. 구석기 시대와 신석기 시대를 비교하는 표를 완성해 보자.

	구석기	신석기
도구	뗀석기	간석기
경제	사냥 및 채집 활동을 함.	㉠( )과 목축을 시작함.
주거	동굴이나 바위 밑의 그늘, 강가에 막집을 지어서 이동하며 생활함.	강가나 바닷가에 ㉡( )을 짓고 정착하여 생활함.
문화	죽은 사람의 장례를 치르고, 동굴 벽화를	동물의 뼈나 조개껍데기로 몸을 치장하고, ㉢( )와 ㉣( )을 이용하여 옷을 만들어 입음.

　　2단계 활동은 각 장의 제목과 소제목을 중심으로 주요 내용을 도표와 도식 등을 통해 구조화하면서 정보를 정리해 보는 것입니다. 비주얼씽킹이나 유명 노트 정리법에서 강

조하는 것처럼, 다양한 정보를 도식화하여 저장하면 더 오래 기억에 남고 정보의 인출도 쉬워진답니다. 책의 각 문단이나 챕터가 어떤 방식으로 정리되는지를 비교하여 살펴보면 역사 외에 다른 과목을 스스로 공부하고 필기를 할 때도 도움이 될 거예요.

3단계 - 역사 논술

역사 논술

1. 고대 문명 발생지의 공통점을 두 가지 이상 서술해 보자.

2. 메소포타미아 문명과 이집트 문명의 지리적 특징을 비교하여 서술해 보자.

그 시대에 꼭 알아야 할 내용을 문장으로 정리할 수 있도록 만든 문제들입니다. 학교 서술형 시험에서 단골로 출제되는 문제와 역사적인 주요 사안에 대한 여러분의 생각을 근거를 들어 조리 있게 펼쳐 볼 수 있는 문제들이 제시되어 있습니다. 한 번에 답이 떠오르지 않는다고 해도 책과 교재의 내용을 다시 한번 살펴보고 문장을 직접 손으로 써 보면 더 오래 기억에 남을 거예요.

📑 실력 키우기

01. 다음 설명 중 옳지 <u>않은</u> 것은?

① 오스트랄로피테쿠스는 직립보행을 했다.

② 오스트랄로피테쿠스는 아프리카 대륙에서만 발견된다.

③ 호모 에렉투스는 인도네시아와 베이징 등에서 발견된다.

④ 네안데르탈렌시스는 처음으로 불을 사용하기 시작했다.

⑤ 크로마뇽인은 호모 사피엔스에 해당하는 현생인류이다.

3단계 〈역사 논술〉까지 모두 풀어본다면 어떨 것 같아요? 해당 부분이 머릿속에 굳건히 자리 잡았을 것 같지 않나요? 정말 그런지 확인하는 과정이 4단계입니다.

단원별로 학습한 내용을 잘 기억하고 있는지, 종합적으로 사고할 수 있는지 점검하는 과정이지요. 내용을 다시 찾지 않고 스스로 해결해 냈다면 손을 들어 자신의 머리를 쓰다듬어 주세요. "잘했어!" 하면서요. 단계별로 꼼꼼히 읽고 문제를 해결해 왔다면 매 장마다 자신을 칭찬하게 될 거예요. 그렇게 한 장 한 장 읽으며 세계사 실력을 쌓아 가세요.

학교 내신 시험을 준비한다면, 4단계를 기준 삼아 풀어 보고 평가문제집 등을 활용해 다양한 유형과 단원 간 연계 문제를 풀어 보는 것이 좋아요.

마지막으로, 4단계와 같은 객관식 문제를 풀면서 공부할 때는 틀린 선지의 어느 부분이 틀렸는지 찾고 바르게 고치는 과정을 꼭 거치길 바랍니다. 이 방법만 꼬박꼬박 실천해도 대부분의 공부에서 큰 도움을 얻을 수 있답니다.

워크북 활동을 함께하는 선생님이나 부모님은 이렇게 도와주세요

〈1단계〉읽기 전 활동으로는 해당 부분과 관련하여 학생들이 알고 있거나 궁금해하는 내용을 중심으로 흥미를 유발해 주시면 좋습니다. 읽기 중 활동인 '밑줄 치며 읽기'와 '빈칸 채우기'는 처음 한두 차시 정도는 함께 연습해 보는 것도 좋습니다. '정리하기'는 각 장별로 제시된 활동이 다릅니다. 질문에 어울리는 활동을 수행한 후 발표하는 시간을 갖는다면 복습 활동이 되어 읽은 내용이 단기기억에서 장기기억으로 넘어가는 데에도 도움이 됩니다.

〈2단계〉활동은 각 장의 주요 어휘들을 중심으로 정보를 도식화한 단계이므로, 수행을 어려워하는 경우에는 1단계의 '빈칸 채우기' 활동이나 책 본문을 다시 펼쳐보며 관련 내용이 익숙해지도록 합니다.

〈3단계〉서술형 문제와 〈4단계〉선다형 문제는 최신 개정 교과서에서 중요하게 다루고 있는 학습 목표를 중심으로 출제하였습니다. 쉽게 답이 생각나지 않더라도 끝까지 스스로 풀어 본 뒤에 정답을 확인할 수 있도록 지도해 주세요. 학교 내신 대비를 위해서는 본 교재 활동에 그치지 말고 평가문제집 등을 활용하여 더 다양한 유형의 문제, 단원 간 내용이 종합된 문제를 풀게 할 것을 추천합니다.

목차
Contents

문명의 발생과 고대 세계의 형성

: 세계 곳곳에서 첫 제국이 등장하다

Chapter 01

역사의 의미와 역사 학습의 목적

📖 과거와의 끊임없는 대화

책을 읽기 전에

🌏 01장 본문을 통해 알아 두어야 할 내용이 무엇인지 생각하며 다음을 읽어 보자.

> • 사실로서의 역사와 기록으로서의 역사를 구분해 봅시다.
> • 역사를 연구하는 방법에 대해 설명해 보세요.
> • 세계의 역사를 배워야 하는 이유가 무엇인지 이야기해 보세요.
> • 역사가 무엇인지, 선사 시대와 역사 시대의 차이는 무엇인지 설명해 보세요.

책을 읽으며

1. 역사와 역사 공부에 대한 내용을 읽으며 중요한 부분에 밑줄 쳐 보자.

2. 부분별로 읽은 내용을 생각하며 빈칸을 채워 보자.

　📙 주지육림과 트로이 목마는 실제로 있었던 사건일까?: 사실로서의 역사와 기록으로
　　서의 역사

　1) 역사는 과거에 실제 있었던 이야기이며 객관적인 (　　　)로서의 역사와 기록자
　　의 가치관이 반영되어 주관적인 (　　　)으로서의 역사 두 가지 뜻을 담고 있다.

　2) (　　　)는 "역사가들의 책무는 과거를 있는 그대로 밝히는 것이다."라며 사실로
　　서의 역사를 중요하게 여겼고, (　　　)는 "역사는 현재와 과거의 끊임없는 대화
　　이다."라며 기록으로서의 역사를 중요하게 말했다.

🅱 역사 연구에 사료가 중요한 까닭은?: 역사를 연구하는 방법

1) 문자로 기록을 남겼느냐 아니냐에 따라 (   ) 시대와 (   ) 시대로 구분한다.

2) 선사 시대를 알기 위해서는 (   )과 (   )을 발굴한 뒤 분석해야 한다. 역사
   시대를 연구할 때는 (   )로 남긴 (   )을 주로 활용한다.

3) 역사 연구에 필요한 과거의 기록과 유물, 유적, 그림, 사진, 전설, 설화, 신화 등을
   (   )라고 한다.

4) (   )가 탄생한 해를 서기 1년으로 보고, 그 이전을 (   ), 그 이후를 (   )
   라고 한다. '서기'라는 말에는 크리스트교 중심의 사고와 세계관이 깔려 있다.

🅱 삶의 지혜를 배우기 가장 좋은 학문은?: 역사를 공부하는 목적

1) (   )를 공부함으로써 인류가 걸어온 모든 발자취를 이해할 수 있다.

2) 인류는 긴 세월을 살아가면서 삶의 지혜를 축적했다. 원시 인류에서 현대 인류에
   이르는 과정과 문명 단계를 지나 지속적으로 발전하며 지금의 인류가 되었다. 이
   과정을 통해 우리는 인류의 (   )을 이해할 수 있다.

3) 역사를 통해 과거의 일에서 교훈을 얻고, 현재를 충만하게 하며, 미래를 전망할 수
   있는 안목을 가질 수 있다. 이를 (   )이라 한다.

4) 역사를 학습하는 목적 중 하나는 각 나라의 (   )와 (   )을 존중하는
   마음을 키우는 것이다.

3. 읽은 내용을 바탕으로 세계사 공부를 하는 자신의 목표를 세워 보자.

한눈에 보기

🌏 **1장 내용을 한눈에 정리해 보자.**

🅑 역사의 의미와 역사 학습 목적

1. 아래 제시된 소제목과 설명을 바탕으로 빈칸에 들어갈 알맞은 어휘를 써 넣어 보자.

역사 : 과거에 실제로 있었던 이야기

- ㉠ ( )로서의 역사 – 객관적
- ㉡ ( )으로서의 역사 – 주관적

역사 연구 방법

- 과거의 기록이나 유물, 유적, 그림, 사진, 전설, 설화, 신화 등 ㉢ ( )가 전하는 사실이 믿을 만한지 비판적으로 검토하는 것.

역사 공부의 목적

- 인류가 쌓아 온 발자취를 통해 지혜를 배우고 정체성을 이해함.
- 과거로부터 교훈을 얻고 미래를 전망하는 역사적 사고력을 키움.
- 각 나라의 문화와 다양성을 존중하는 마음을 키움.

역사의 구분

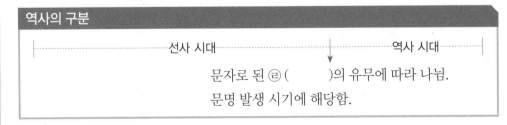

├─────── 선사 시대 ───────┼─────── 역사 시대 ───────┤

문자로 된 ㉣ ( )의 유무에 따라 나뉨.
문명 발생 시기에 해당함.

연대의 표기

├─────── 기원전(B.C.) ───────┼─────── 기원후(A.D.) ───────┤

㉤ ( ) 탄생 시점을 기준으로 구분함.

1. 역사학자 카는 '사실로서의 역사'와 '기록으로서의 역사' 가운데 어떤 것을 강조
   했는지 설명해 보자.

> 역사는 현재와 과거의 끊임없는 대화다.

E. H. 카

2. 역사 연구를 할 때 사료 비판이 중요한 까닭을 서술해 보자.

3. 자신의 경험을 한 가지 예로 들어 우리가 역사를 공부하는 목적이 무엇인지 설
   명해 보자.

01. 다음 중 '기록으로서의 역사'에 해당하는 것은?

① 함무라비는 나라를 다스리는 법을 명문화하여 기록하였다.

② 이순신은 명량에서 13척의 배로 일본군 300여 척의 배와 싸워 이겼다.

③ 페르시아는 그리스와 전쟁을 치른 이후부터 쇠퇴하기 시작했다.

④ 알렉산드로스는 인도를 정복하지 못하고 풍토병에 걸려 죽었다.

⑤ 로마 제국은 331년에 기독교를 국교로 공인하였다.

02. 다음 중 역사를 공부하는 목적으로 볼 수 <u>없는</u> 것은?

① 과거를 통해 현재를 반성할 수 있는 바탕이 된다.

② 현 인류의 모습을 이해하는 데 도움이 된다.

③ 앞으로 펼쳐질 미래를 예측하고 준비할 수 있다.

④ 우리와 다른 문화를 가진 나라에 대한 이해를 높일 수 있다.

⑤ 사라져 가는 전통을 되살려 예전 그대로 살아갈 수 있다.

책을 읽기 전에

💡 02장 본문을 통해 알아두어야 할 내용이 무엇인지 생각하며 다음을 읽어 보자.

- 인류의 출현과 진화 과정을 단계별로 설명해 보세요.
- 농경 생활이 시작되면서 인류에 어떤 변화가 나타났나요?
- 문명이 발생하는 과정과 조건, 4대 문명 발상지의 공통점에 대해서 알아봅시다.
- 대표적인 4대 고대 문명의 특징을 각각 설명해 보세요.

책을 읽으며

1. 선사 시대 인류의 진화 과정과 고대 문명에 대한 내용을 읽으며 중요하다고 생각하는 부분에 밑줄 쳐 보자.

2. 부분별로 읽은 내용을 생각하며 빈칸을 채워 보자.

🅑 손이 자유로워지면서 진화가 시작되다: 인류의 출현과 진화

1) 약 (   ) 년 전 초기 인류 화석인 (   )가

아프리카 남쪽에서 발견되었다.

2) 180만 년 전 새로운 인류인 호모 에렉투스가 등장했다. 그들은 등이 완전히 펴졌

으며 (   )와 (   )을 사용했다.

3) 40만 년 전 호모 네안데르탈렌시스가 등장했다. 이들은 죽은 사람을 (   )해 죽음 이후의 세계에 관심을 갖기 시작했다는 것을 보여 준다.

4) 20만 년 전 현생인류인 (   )가 등장했다. 대표적인 화석은 (   )으로 오늘날 인류의 직접 조상이다. 이후 호모 사피엔스는 전 세계로 이동했다.

Ⓑ 최초의 도구는 깨진 돌멩이였다: 구석기 시대의 특징

1) 구석기 시대 초기 인류는 돌을 깨뜨려서 만든 (   )를 사용했다. 구석기 도구 중 널리 쓰인 것은 (   ) 도끼이다.

2) 구석기인들은 동굴이나 바위 밑 또는 강가에 지은 (   )에서 살며, (   ), (   )을 통해 먹을거리를 찾았다.

3) 호모 네안데르탈렌시스 때부터 사람이 죽으면 (   )를 지내고, (   ) 벽화나 조각 등의 예술 활동도 시작했다.

Ⓑ 농경이 바꾼 세상: 신석기 혁명의 의의와 특징

1) 신석기 시대에는 돌을 정교하게 갈아서 만든 (   )를 사용했다. 곡물을 재배하면서 (   ) 생활을 시작하고, (   )에 모여 살기 시작했다.

2) 야생 동물을 잡아 기르는 (   )을 시작하고, 흙으로 만든 (   )도 사용하기 시작했다. 돌낫으로 곡식을 수확하고, 갈돌과 갈판으로 곡식의 껍질을 벗겼다. 이러한 변화상을 신석기 혁명 또는 (   )이라고 부른다.

3) 신석기인들은 움집을 짓고 가족이 함께 (   ) 생활을 시작했다. 같은 핏줄끼리 씨족을 구성해 마을을 이루고 근처 마을과 교류, 결혼을 통해 더 큰 마을로 합쳐져 (   )를 이루었다.

4) 신석기 사람들은 (   )를 이용해 실을 뽑고, **뼈**바늘로 옷을 제작했다. 자연에 영혼이 있다고 믿고 숭배하는 (   ), 특정 동물을 부족의 수호신으로 여기는 (   ), 주술적인 것에 의존하는 샤머니즘 등이 유행했다.

⑬ 큰 강 주변에서 문명이 태동하다: 세계 4대 문명의 탄생과 공통점

1) 농업에 필요한 물을 강에서 끌어와 농사를 짓는 (   ) 농업이 발달하면서 농업 생산량은 크게 늘었다.

2) (   ) 시대로 접어들어 힘센 도시는 더 큰 도시 국가로 발전하면서 (   )가 등장했다. 지배자와 피지배자가 확실하게 구분되는 '(   )'이 만들어졌다.

3) 이러한 과정을 거치면서 인류는 (   )을 발전시켰다. (   ) 문명, (   ) 문명, (   ) 문명, (   ) 문명을 고대 세계의 4대 문명이라고 한다.

4) (   )가 발명되자 문명은 더 높은 수준으로 발전하며, 인류는 (   )로 접어들었다.

⑬ 함무라비 법전 이전에 최초의 법전이 있었다: 메소포타미아 문명의 발전

1) 메소포타미아 지방에 정착한 (   )인들은 (   )년경부터 우르, 라가시 등 여러 지역에 도시 국가를 건설하며 세계 최초로 문명을 발전시켰다.

2) 기원전 1800년경 (   )인들이 메소포타미아 지역을 통일하고 (   )왕국을 세웠다. 전성기를 이끈 함무라비왕은 여러 지역의 법률을 집대성해 (   )법전을 만들었다.

3) 바빌로니아 왕국은 기원전 1500년경 철제 무기로 무장한 (   )인들에
게 멸망했다.

4) 메소포타미아 사람들은 (   )진법을 쓰고 달의 모양을 기준으로 만든 (   )
을 사용했다.

5) 기원전 1200년경에는 지중해 동부 연안의 서아시아 지역에 (   )가 건
설됐다. 그들은 지중해를 누비면서 여러 지역에 식민 도시를 세웠다.

6) 소리 나는 대로 적는 (   )인 페니키아 문자는 그리스로 전파됐고 오
늘날의 (   )으로 발전했다.

Ⓑ 피라미드와 미라는 왜 만들었을까?: 이집트 문명의 발전

1) 이집트 문명은 (   ) 유역에서 탄생했다. 기원전 3000년경에 (   )
가 이집트의 첫 번째 통일 왕국을 건설했다.

2) 이집트는 (   )과 (   )로 둘러싸여 있어 적이 침입하기 어려워 오랜 기간
통일 왕국을 유지할 수 있었다.

3) 이집트에서 왕은 하늘의 신, 특히 (   )의 아들로 여겨졌다. 왕인
(   )는 종교와 정치 모두를 장악하며 막강한 권력을 누렸다. 파라오를 위
한 무덤이 (   )이다.

4) 이집트 문자는 사물의 모양을 본떠서 만들어 그림 문자 또는 (   ) 문자라고 한
다. 이집트에서는 (   ) 기술과 토목 기술이 발달했다. (   )진법을 쓰고, 1년
을 365일로 계산한 (   )을 달력으로 썼다.

ℬ 인도의 카스트 제도는 왜 생겨난 걸까?: 인더스 문명의 발전과 몰락

1) 기원전 2500년경 인더스강 유역인 (   )와 (   )에서 큰 규
   모의 도시가 건설되면서 본격적인 인더스 문명이 시작되었다.

2) 모헨조다로는 급수 시설, 배수 시설, 하수 시설이 완벽하게 갖추어져 있었고,
   (   )이 완벽히 정비되어 있었다. 도로 밑으로 (   )을 설치해 각 주
   택의 우물까지 물을 보내는 등 완벽한 계획도시였다.

3) 약 1,000년간 번영했던 모헨조다로는 중앙아시아의 유목 민족인 (   )의
   침입에 쇠퇴했다.

4) 갠지스강 유역까지 진출하며 여러 지역에 나라를 세운 아리아인들이 만든 신분 제
   도인 (   ) 제도는 네 가지 신분으로 나뉜다. 가장 높은 (   )은 제사
   장, 두 번째 신분인 (   )는 왕족과 귀족 등이다. 피지배 계급인 세
   번째는 (   )인 바이샤, 노예인 네 번째 신분은 (   )였다. 네 가지 신분
   에 들어가지도 못하는 최하위 신분은 (   )이라 불렸다.

ℬ 중국 봉건제는 유럽 봉건제와 어떤 점이 다를까?: 중국 문명의 탄생과 발전

1) 중국 문명은 기원전 1600년경 (   )강 일대에 등장한 상 때 본격적으로 발전
   했다. 상은 청동 도구를 사용하고 달력도 만들었다. 거북의 배딱지나 동물의 뼈에
   새긴 (   ) 문자를 사용했는데 나중에 (   )로 발전했다.

2) (   )나라는 기원전 11세기에 세워져 빠른 속도로 성장해 상을 정복하고 주변 도
   시들을 모두 제압했다.

3) 주의 무왕이 시행한 (   )는 수도는 왕이 직접 통치하고, 새로 정복한 영토
   는 왕족이나 공신인 (   )에게 통치하도록 하는 제도였다.

4) 제후는 왕에게서 받은 토지를 자기 (   )에게 나누어 주었다. 신하들은 제후에게 받은 토지에서 나오는 (   )을 거둘 수 있었다. 이렇게 왕부터 맨 밑의 평민까지 (   )화한 것이 주의 봉건제이다.

5) 기원전 8세기 초, 북서쪽에 있는 유목 민족이 쳐들어오자 주는 수도를 동쪽의 (   )으로 옮겼다. 이로써 중국은 (   ) 시대로 접어들었다.

3. 2장 내용을 세 부분으로 나눠 제목을 붙이고 정리해 보자.

💡 **2장 내용을 한눈에 정리해 보자.**

🔗 인류의 출현과 진화

1. 〈보기〉를 참고하여 빈칸을 채우며 인류의 진화 과정을 완성해 보자.

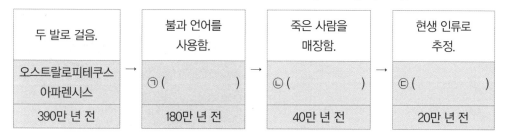

두 발로 걸음.	→	불과 언어를 사용함.	→	죽은 사람을 매장함.	→	현생 인류로 추정.
오스트랄로피테쿠스 아파렌시스		㉠ ( )		㉡ ( )		㉢ ( )
390만 년 전		180만 년 전		40만 년 전		20만 년 전

─── 보기 ───

호모 네안데르탈렌시스, 호모 사피엔스, 호모 에렉투스

🔗 구석기 시대와 신석기 시대

2. 구석기 시대와 신석기 시대를 비교하는 표를 완성해 보자.

	구석기	신석기
도구	뗀석기	간석기
경제	사냥 및 채집 활동을 함.	㉠( )과 목축을 시작함.
주거	동굴이나 바위 밑의 그늘, 강가에 막집을 지어서 이동하며 생활함.	강가나 바닷가에 ㉡( )을 짓고 정착하여 생활함.
문화	죽은 사람의 장례를 치르고, 동굴 벽화를 남김.	동물의 뼈나 조개껍데기로 몸을 치장하고, ㉢( )와 ㉣( )을 이용하여 옷을 만들어 입음.

🅑 고대 문명

3. 빈칸을 채우며 문명의 발생 과정과 각 문명의 특징을 정리해 보자.

문명의 탄생과 공통점

❶ ㉠(　　　) 주변에서 농업 발달.

❷ 도시들이 생겨남.

❸ 계급이 발생함.

❹ 교역과 통치를 위하여 ㉡(　　　)를
사용함.

메소포타미아 문명(기원전 3500년경)

• 티그리스강과 유프라테스강 유역에서 발생.

• 바빌로니아 왕국이 ㉢(　　　　　)왕 시기에 전성기를 누림.

• 개방적 지형.

• 내세보다 현세를 중요하게 여김.

• 60진법 사용. 태음력 사용.

 문자: ㉣(　　　) 문자

건축물: 지구라트

이집트 문명(기원전 3000년경)

• ㉤(　　　) 유역에서 발생.

• 폐쇄적 지형에서 통일 왕국을 유지함.

• 태양신을 섬김. 파라오가 종교와 정치를 모두
장악하는 신권 정치.

• 10진법 사용. 태양력 사용.

문자: 상형 문자

건축물: ㉥(　　　　　)

인도 문명 (기원전 2500년경)

- 인더스강 일대에 계획도시(모헨조다로, 하라파) 건설.

- 철제 무기를 앞세운 중앙아시아의 아리아인이 침략.

- 카스트 제도를 만들었고, 최고 신분인 브라만은

  종교적 권위를 통해 특권을 누림.

문자: ㉠( ) 문자

건축물: 대목욕장

중국 문명 (기원전 2500년경)

- 황허강 유역에서 발생 상(은)이라는 국가 건설.

- 주가 천명사상과 덕치를 강조하며

  상을 무너뜨림. 봉건제 실시.

- 봉건제가 약화하며 혼란에 빠짐.

  (춘추 전국 시대)

문자: ◎( ) 문자

건축물: 거대한 궁전과 제단

1. 고대 문명 발생지의 공통점을 두 가지 이상 서술해 보자.

2. 메소포타미아 문명과 이집트 문명의 지리적 특징을 비교하여 서술해 보자.

3. 다음 자료를 통해 알 수 있는 이집트인들의 내세관을 설명해 보자.

> • 이집트인은 절대 권력자인 파라오를 위한 무덤을 만들었다.
>
> • 파라오의 시신이 부패하지 않도록 미라 형태로 보존하였다.
>
> • 파라오의 무덤에는 『사자의 서』를 함께 묻었다.

4. 페니키아 문자의 특징과 영향을 서술해 보자.

5. 모헨조다로의 유적지에서 발굴된 인장이 메소포타미아 지방에서도 발견되었다는 것이 의미하는 바가 무엇인지 서술해 보자.

6. 주나라 봉건제의 특징을 설명하고, 이와 같은 방식으로 국가를 운영했을 때 발생할 수 있는 한계점을 서술해 보자.

📄 실력 키우기

01. 다음 설명 중 옳지 <u>않은</u> 것은?

① 오스트랄로피테쿠스는 직립보행을 했다.

② 오스트랄로피테쿠스는 아프리카 대륙에서만 발견된다.

③ 호모 에렉투스는 인도네시아와 베이징 등에서 발견된다.

④ 네안데르탈렌시스는 처음으로 불을 사용하기 시작했다.

⑤ 크로마뇽인은 호모 사피엔스에 해당하는 현생인류이다.

02. 인류의 진화 과정을 순서대로 나열한 것은?

> (가) 언어와 불을 사용했다.
>
> (나) 직립 보행하고 간단한 도구를 사용했다.
>
> (다) 죽은 사람을 매장하고, 사후 세계에 관심을 가졌다.
>
> (라) 동굴 벽화나 조각 등 예술 활동을 시작했다.

① (가)-(나)-(다)-(라)   ② (가)-(다)-(나)-(라)

③ (다)-(나)-(가)-(라)   ④ (가)-(나)-(라)-(다)

⑤ (나)-(가)-(다)-(라)

[03~04] 다음은 신석기인의 일기이다. 글을 읽고 물음에 답하시오.

㉠우리가 이곳에 정착해 산 지도 벌써 몇 년째인지 모르겠다. 외할아버지와 외할머니, 외삼촌네 식구, 이모네 식구까지 모두 모여 사니까 외롭지는 않다. 하지만 고된 농사일은 정말 하기 싫다. ㉡강에서 물을 길어와 수수밭에 뿌리기가 여간 힘들지 않다. 차라리 강가에 가 물고기를 잡는 게 낫다. ㉢그물망을 던져 두고 물고기가 잡히기를 기다리면 지루하기는 해도 힘들지는 않으니까. 아빠와 ㉣화살촉 만드는 것도 재미있다. 엄마가 또 부르신다. ㉤반달돌칼을 들고 나가 수숫단이나 베러 가야겠다.

03. 위 글의 내용 중 알맞지 않은 것은?

① ㉠   ② ㉡   ③ ㉢   ④ ㉣   ⑤ ㉤

04. 이 시대 종교에 대한 설명으로 옳은 것만 모두 고르면?

ㄱ. 물, 바위, 태양 등 자연에 영혼이 있다고 믿었다.

ㄴ. 곰, 호랑이 등 동물을 숭배하기도 했다.

ㄷ. 조상을 모시고 숭배하는 조상신 사상이 시작됐다.

ㄹ. 죽은 사람을 매장하고 그가 쓰던 물건을 함께 묻었다.

① ㄱ, ㄴ   ② ㄱ, ㄴ, ㄷ   ③ ㄱ, ㄷ, ㄹ

④ ㄷ, ㄹ   ⑤ ㄱ, ㄷ

05. 다음 중 세계 4대 문명의 공통점으로 보기 어려운 것은?

① 기후가 따뜻하고 큰 강을 끼고 있는 곳에서 나타난다.

② 사람들을 하나로 뭉치게 하는 강력한 종교가 있었다.

③ 청동제 무기를 확보해 주변 지역을 정복했다.

④ 모두 문자를 사용했다.

⑤ 법, 제도, 건축물 등 기술적, 물질적으로 발전을 이루었다.

06. 다음 두 문명을 비교한 내용 중 옳지 않은 것은?

구분	이집트	메소포타미아
① 지형	폐쇄적	개방적
② 문자	상형문자	쐐기문자
③ 종교	내세 중시	현실 중시
④ 달력	태음력	태양력
⑤ 유물	사자의 서	길가메시

07. 지도에서 발생한 문명에 대한 설명으로 옳은 것은?

① 거대한 계획도시가 번성했다.

② 왕이 종교까지 지배하는 신권정치가 이루어졌다.

③ 발달한 무기를 앞세운 이민족이 원주민을 지배하며 확고한 신분제를 만들어 오늘날에까지 영향을 미치고 있다.

④ 주지육림을 만든 폭군 때문에 번성했던 문명이 하루아침에 사라졌다.

⑤ 덕치주의를 강조하는 왕이 귀족들에게 봉토를 하사하며 자치권을 인정해 주었다.

고대 제국들의 특성과 주변 세계의 성장 1(페르시아)

📖 제국의 시대로 돌입하다

책을 읽기 전에

🌏 **03장의 차례를 보며 세 부분으로 나눠 읽는다면 어떻게 나눌지 생각해 보자.**

- 페르시아는 왜 관용 정책을 폈을까? _ 아케메네스 왕조 페르시아의 서아시아 통일
- 파르티아와 사산 왕조의 가장 큰 차이점은? _ 사산 왕조 페르시아의 흥망
- 현대 종교의 기원은 페르시아에서 나왔다 _ 페르시아의 문화 발전
- 와신상담이란 한자성어가 탄생한 배경은? _ 춘추 전국 시대와 제자백가
- 진시황은 왜 책을 태웠을까? _ 진의 중국 통일
- 사면초가의 유래는? _ 한의 성립과 발전
- 한자라는 말은 어디에서 유래했을까? _ 한대 문화의 특징
- 아크로폴리스와 아고라의 차이는 무엇일까? _ 아테네와 스파르타의 발전
- 아테네와 스파르타의 대결, 누가 승리했을까? _ 그리스·페르시아 전쟁과 그리스 내전
- 산파술이 도대체 뭘까? _ 그리스 문화의 특징
- 알렉산드로스는 왜 페르시아 여성과 결혼했을까? _ 헬레니즘 세계의 탄생
- 그라쿠스 형제는 왜 토지개혁을 주장했을까? _ 로마 공화정의 성립과 발전
- 황제의 어원은 로마에서 나왔다 _ 로마 제국의 탄생과 몰락
- 네로는 왜 크리스트교를 박해했을까? _ 로마 문화의 특징과 크리스트교 공인

1. 03장의 첫 부분인 페르시아에 대한 내용을 읽으며 중요하다고 생각하는 부분에 밑줄 쳐 보자.

2. 부분별로 읽은 내용을 생각하며 빈칸을 채워 보자.

   Ⓑ 페르시아는 왜 관용 정책을 폈을까?: 아케메네스 왕조 페르시아의 서아시아 통일

1) 기원전 8세기경, 바빌로니아를 정복한 (   )는 강력한 (   ) 와 전차, 기동력이 뛰어난 (   )을 앞세워 이집트까지 정복하며 역사상 처음으로 오리엔트를 통일했다.

2) 통일한 지 60여 년 만에 지배받는 민족들의 연합 공격을 받고 아시리아가 무너지자, 이 지역은 (   ), 리디아, 메디아, (   )로 다시 분열되었다.

3) 기원전 559년, 키루스 2세가 세운 (   )라는 새로운 강자가 나타났다.

4) 키루스 2세는 '(   )'이라 부르는 선언문을 통해 "정복한 민족의 종교와 전통을 존중할 것이며 어느 민족도 위협하지 않겠다."라는 약속을 하며 (   ) 정책을 선포했다.

5) (   ) 시절 아케메네스 왕조 페르시아는 강력한 중앙 집권 체제를 구축하고 각 주에는 총독을 파견해 통치했다. 수도와 전국 주요 도시들을 연결하는 (   )도 깔았다. 화폐와 도량형도 통일했으며, (   ) 에 새로운 수도를 건설했다.

Ⓑ 파르티아와 사산 왕조의 가장 큰 차이점은?: 사산 왕조 페르시아의 흥망

1) 아케메네스 페르시아는 (   ) 전쟁에서 패하고 국력이 약해
   지다가 동방 원정에 나선 (   )에게 멸망하고 말았다.

2) 알렉산드로스가 건설한 제국이 무너진 후 페르시아의 옛 땅에 세워진 (   )
   는 중계 무역으로 번영했지만 오래가지 못했다. 3세기 초반 아케메네스 왕조 페르
   시아를 계승하겠다며 세워진 (   )에 정복당했다.

3) 국경을 맞대고 있던 (   ) 제국과 사산 왕조 페르시아의 군대가 에데사에서 격
   돌했다. 이 전투에서 (   )가 승리했다.

4) 400년 이상 번영을 누리던 사산 왕조 페르시아는 (   ) 세력에 의해 멸망
   했다.

Ⓑ 현대 종교 기원은 페르시아에서 나왔다: 페르시아의 문화 발전

1) 아케메네스 왕조 페르시아 시절 만들어진 (   )교는 훗날 크리스트
   교와 이슬람교에 큰 영향을 주었다.

2) 사산 왕조 페르시아 때에는 크리스트교, 불교 등을 융합한 종교인 (   )가
   등장했다.

3) 페르시아는 동쪽의 (   ) 문화에서부터 (   )의 바빌로니아
   와 아시리아의 문화, (   )와 그리스의 문화까지 모두 수용하며 국제적인
   특징을 보였다.

3. 페르시아 역사와 관련해 읽은 내용 중 기억나는 내용을 메모하고 스스로 설명해 보자.

ⓑ 아케메네스 왕조 페르시아의 서아시아 통일

ⓑ 사산 왕조 페르시아의 흥망

ⓑ 페르시아의 문화 발전

💡 3장의 내용 가운데 페르시아에 대하여 한눈에 정리해 보자.

🅑 서아시아의 통일 제국들

1. 메소포타미아 지역을 통일했던 나라의 이름을 빈칸에 써 보자.

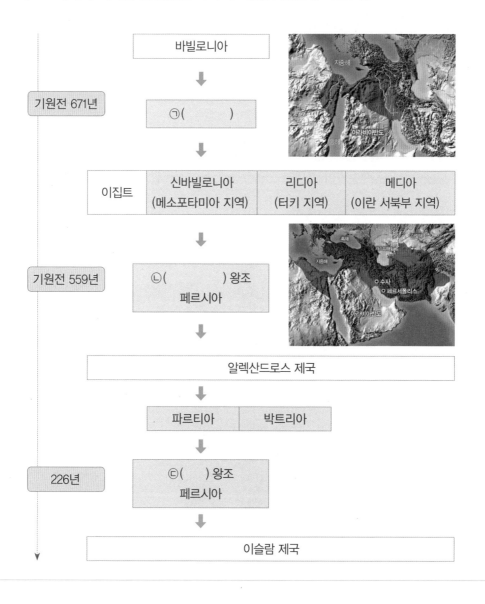

	바빌로니아

기원전 671년 → ㉠( )

이집트 | 신바빌로니아 (메소포타미아 지역) | 리디아 (터키 지역) | 메디아 (이란 서북부 지역)

기원전 559년 → ㉡( ) 왕조 페르시아

알렉산드로스 제국

파르티아 | 박트리아

226년 → ㉢( ) 왕조 페르시아

이슬람 제국

⑱ 서아시아 제국과 주변국들의 충돌

2. 빈칸을 알맞게 채우고, 서아시아 제국들이 멸망한 까닭을 정리해 보자.

아시리아

• 메소포타미아 지역을 통일하고 ㉠(   )까지 정복하여 역사상 처음으로 오리엔트를 통일.

멸망한 까닭: (   )에 의해 60여 년 만에 멸망.

아케메네스 왕조 페르시아

• 이란 지역에서 건설되어 기원전 6세기 중반 서아시아를 재통일하고, 다리우스 1세 때 전성기를 맞음.

키루스 2세 - 키루스의 원통. 이민족에게 관용 정책을 펼침.

캄비세스 2세 - 이집트를 정복해 오리엔트를 재통일.

다리우스 1세 - 강력한 군대와 왕의 친위대인 '만인대'를 기반으로 페르시아의 최대 영토 확장.

　　　　　- 전국을 20개 주로 나누어 총독을 파견하고, 총독을 감시하는 감찰관('왕의 눈', '왕의 귀')을 보내 반란을 방지함.

　　　　　- 왕의 명령 전달, 물자 수송을 위한 도로망('왕의 길') 정비. 관리에게 말과 숙소를 제공하기 위한 ㉡(   ) 정비.

　　　　　- 새로운 수도 ㉢(   )를 건설하고, 당시 문화를 집대성한 궁전을 건축함.

멸망한 까닭: 그리스·페르시아 전쟁에서 패하면서 국력이 급격히 약해짐.

　　　　　이후 (   )에 의해 멸망.

사산 왕조 페르시아

• 파르티아의 장군이 페르시아를 계승하겠다고 선포하며 건국.

• 메소포타미아를 차지하고 ㉣(　　)의 쿠샨 왕조를 속국으로 삼음.

• 3세기 중반 에데사에서 ㉤(　　)와 격돌하여 페르시아가 승리.

멸망한 까닭: 점차 정치가 부패하고 반란이 자주 일어남.

　　　　　이후 (　　　　　　　　　　　　)에 의해 멸망.

Ⓑ 현대 종교의 기원

3. 다음 설명에 해당하는 종교의 이름을 써 보자.

(　　　　　　　　)

• 아케메네스왕조 페르시아 때 창시(기원전 6세기경).

• 경전의 이름은 '아베스타'.

• 세상을 선(아후라 마즈다)과 악(아리만)이 투쟁하는 곳으로 봄.

• 최후의 심판, 구세주의 등장 등 크리스트교와 이슬람교에 영향.

• 불을 숭배하여 '배화교'라고도 불림.

• 다리우스 1세가 이 종교를 후원함.

• 사산 왕조 페르시아에 의해 국교로 지정됨.

그 당시 한반도는?

한반도에서는 초기 국가 단계를 지나 고구려, 백제, 신라가 서로 견제하며 성장하고 있었다. 뛰어난 페르시아의 유리 공예품과 금속 공예품이 중국을 통해 신라와 일본까지 전파되었다.

1. 아시리아가 최초로 오리엔트 지역을 통일할 수 있었던 까닭을 설명해 보자.

2. 페르시아는 아시리아와 달리 정복지를 어떻게 통치했는지 서술해 보자.

3. 다리우스 1세의 업적 중 가장 위대한 것은 무엇이라고 생각하는지 하나를 골라 소개하고, 그 이유를 서술해 보자.

4. 아케메네스왕조 페르시아가 멸망한 까닭을 서술해 보자.

5. 조로아스터교의 특징을 두 가지 이상 서술해 보자.

6. 페르시아의 문화를 다음과 같이 설명할 수 있는 까닭은 무엇인지 서술해 보자.

> 페르시아의 문화를 한마디로 요약하자면 상당히 국제적이었어요.

01. 다음 설명이 맞으면 O, 틀리면 X표 한 후 틀린 부분을 찾아 바르게 고치시오.

(1) 아시리아는 강력한 군사력을 바탕으로 메소포타미아와 이집트를 통일했다. (　　)

(2) 페르시아는 중국의 비단이 로마로 전파되는 데 큰 역할을 했다. (　　)

(3) 다리우스 1세는 페르세폴리스를 새로운 수도로 정했다. (　　)

(4) 조로아스터교는 사산 왕조 페르시아 때 만들어졌고 아후라 마즈다라는 신을 숭배했다. (　　)

(5) 아케메네스 왕조 페르시아는 그리스의 침략으로, 사산 왕조 페르시아는 이슬람 세력에 의해서 멸망했다. (　　)

02. 다음 중 오리엔트 지역에 세워졌던 왕조를 시대순으로 맞게 연결한 것은?

① 신바빌로니아 → 아시리아 → 아케메네스 왕조 → 파르티아

② 파르티아 → 아시리아 → 신바빌로니아 → 사산 왕조

③ 아시리아 → 신바빌로니아 → 아케메네스 왕조 → 사산 왕조

④ 신바빌로니아 → 아케메네스 왕조 → 파르티아 → 사산 왕조

⑤ 아시리아 → 신바빌로니아 → 사산 왕조 → 아케메네스 왕조

03. 다음 중 다리우스 1세와 관련 있는 것들만 묶은 것은?

> ㉠ 마니교 ㉡ 화폐 통일 ㉢ 에데사 전투
> ㉣ 알렉산드로스 대왕 ㉤ 왕의 길 ㉥ 아케메네스 왕조
> ㉦ 사산 왕조 ㉧ 조로아스터교 국교 인정

① ㉡, ㉥, ㉦ ② ㉠, ㉣, ㉤

③ ㉠, ㉢, ㉥ ④ ㉡, ㉤, ㉥

⑤ ㉡, ㉥, ㉧

04. 3세기 중반, 이 지역을 차지하고 있던 나라에 대한 설명으로 옳지 <u>않은</u> 것은?

① 수사~사르디스에 이르는 '왕의 길'을 만들었다.

② 파르티아의 장군이 건국한 나라이다.

③ 불을 숭배하는 종교가 있었다.

④ 유리공예와 금속공예가 발달했다.

⑤ 이들의 문화와 제도는 이슬람 제국에 의해 계승되었다.

05. 다음 밑줄 친 부분 중 그 설명이 옳지 <u>않은</u> 것은?

> 학생 1: 오리엔트를 최초로 통일한 나라가 아시리아라고 했지?
>
> 학생 2: 응. 메소포타미아 지역의 나라였어. ㉠강력한 철제 무기와 기병으로 무장 해서 주변국들을 쉽게 제압할 수 있었던 것 같아.
>
> 학생 1: 그래서였을까? 아시리아는 그리 오래가지 못했잖아. 페르시아처럼 다른 민 족의 문화를 수용하는 관용적인 태도를 보였다면 훨씬 오래 유지될 수 있었을 텐데.
>
> 학생 2: 나도 그렇게 생각해. ㉡페르시아는 피지배 민족들에게 세금도 걷지 않고 그들의 자치를 허용해 줬잖아.
>
> 학생 1: 영화에서 보았던 페르시아는 야만적이고 미개하다는 인상이 깊었는데 아 무래도 서양인의 관점에서 그려졌기 때문인 것 같아.
>
> 학생 2: 사실 페르시아는 아주 오랫동안 서아시아를 다스렸던 통일 제국이었는데 우리가 너무 모르고 있었던 거지.
>
> 학생 1: 맞아. ㉢사산 왕조 페르시아는 로마 제국과 전쟁할 때 로마 황제를 포로로 잡아가기도 했을 만큼 강했잖아.
>
> 학생 2: 그뿐인가? ㉣중국의 비단이 서양에 전해진 것도 페르시아의 중계무역 덕 분이었다고.
>
> 학생 1: 정말 그래. ㉤신라 시대 고분에서도 페르시아의 영향을 받은 유물들이 출 토되었으니 그 영향력이 대단했다고 할 수 있지.

① ㉠ ② ㉡ ③ ㉢ ④ ㉣ ⑤ ㉤

책을 읽기 전에

🌐 03장의 가운데 부분인 중국의 역사를 읽으며 만날 수 있는 나라는 어떤 나라들
일지 생각해 보자.

- 와신상담이란 한자성어가 탄생한 배경은? _ 춘추 전국 시대와 제자백가
- 진시황은 왜 책을 태웠을까? _ 진의 중국 통일
- 사면초가의 유래는? _ 한의 성립과 발전
- 한자라는 말은 어디에서 유래했을까? _ 한대 문화의 특징

책을 읽으며

1. 3장의 가운데 부분은 기원전 8세기부터 220년까지 1000년에 가까운 중국의 역
   사이다. 내용을 읽으며 중요하다고 생각하는 내용에 밑줄 쳐 보자.

2. 부분별로 읽은 내용을 생각하며 빈칸을 채워 보자.

   🅱 와신상담이란 한자성어가 탄생한 배경은?: 춘추 전국 시대와 제자백가

   1) 기원전 8세기 초 주나라가 낙읍으로 수도를 옮긴 이후, 제후들이 다투던 시기를
      (   ) 시대라고 한다.

   2) 춘추 시대에 세력이 강했던 다섯 나라를 춘추 (   )라 하고, 전국 시대에 강했던
      일곱 나라를 (   )이라 한다. 이 중에 (   )이 중국을 통일했다.

3) 기원전 6세기 무렵 중국 전역에 (   )가 보급되었고, 농사에 소를 활용하는 (   )이 시작되었다. 상업, 수공업도 함께 발달하면서 (   )도 성장했다. (   )도 많아지고, (   )를 만들어 사용하기도 했다.

4) 춘추 전국 시대에 활동한 철학자와 사상가들을 (   )라고 한다. 대표적인 학파와 사상가를 살펴보고 맞게 연결하면 다음과 같다.

ⓛ 공자, 맹자 　•　　　•　법가, 법에 따른 엄격한 통치

② 한비자 　•　　　•　도가, 무위자연

③ 노자, 장자 　•　　　•　유가, 왕도 정치

④ 묵자 　•　　　•　묵가, 차별 없는 세상

Ⓑ 진시황은 왜 책을 태웠을까?: 진의 중국 통일

1) 기원전 4세기경 재상 상앙이 (   )를 받아들여 개혁에 돌입한 후, 진은 중국 전역을 통일하며 전국 시대 혼란을 끝냈다.

2) 진의 첫 번째 황제인 (   )는 강력한 (   )를 구축했으며, 전국을 군과 현으로 나누어 관리를 직접 파견하는 (   )를 시행했다.

3) 시황제는 지방까지 (   )을 정비하고, 문자와 화폐, 도량형, 수레바퀴의 폭까지 모두 (   )했다. 북쪽 흉노족의 침입에 대비해 (   )을 쌓았으며, 자신의 무덤과 궁궐을 초대형으로 지었다.

4) 진시황제는 법가 사상이나 실용적인 내용을 담은 책을 제외하고 모든 서적을 태우는 (   ), 자신을 비판하는 유학자는 산 채로 구덩이에 묻는 (   )를 저질렀다.

5) 진시황제가 사망한 후 반란이 이어져, 진은 통일한 뒤 (   )년 만에 멸망했다.

ⓑ 사면초가의 유래는?: 한의 성립과 발전

1) 기원전 202년 (   )이 세운 한이 다시 중국을 통일하고, 장안에 수도를 정한 뒤 진의 군현제와 주의 봉건제를 혼합한 (   )를 시행하였다.

2) 한 무제는 군국제를 (   )로 바꿔 시행하고, (   )을 멸망시키기도 했다. 흉노를 정벌하기 위해 (   )을 파견해 동맹국을 찾으려 했다. 이때 개척한 길이 동서 교통의 통로인 (   )이 되었다.

3) 무제는 국가 재정을 확충하기 위해 (   )과 (   )을 중앙 정부가 전매하도록 했다. 무제 때 한은 전성기를 누렸다.

4) 전성기를 누리던 무제가 죽자 외척인 왕망이 권력을 장악해 한을 멸망시키고 (   )을 세웠다. 16년 만에 한의 황족이었던 유수가 신을 멸망시키고, 한을 계승한 (   )을 세웠다.

5) 후한 말 대규모 농민 봉기인 (   )의 난 이후 호족들이 다투는 시대로 이어졌고, 황제가 (   )의 아들 조비에게 황제 자리를 넘겨주며 후한은 멸망했다.

ⓑ 한자라는 말은 어디에서 유래했을까?: 한대 문화의 특징

1) 한 무제는 (   ) 사상을 통치 이념으로 삼았다. 무제 시절 중국을 대표하는 역사서인 『(   )』가 편찬되었다.

2) 후한은 (   )을 다시 뚫어 동서 교류를 유지했다. 과학도 발전해 지진계가 발명되고 천체 관측 기구인 혼천의도 만들어졌다. 채륜은 (   )를 개량했다.

3. 춘추 전국 시대부터 한나라에 이르기까지 중국 역사와 관련해 읽은 내용 중 기억나는 내용을 메모하고 스스로 설명해 보자.

🄱 춘추 전국 시대와 제자백가

🄱 진의 중국 통일

🄱 한의 성립과 발전

🄱 한대 문화의 특징

🌏 3장의 내용 가운데 중국에 대하여 한눈에 정리해 보자.

🅱 중국의 통일 제국과 통치 제도의 변화

1. 〈보기〉를 참고하여 빈칸을 채우며 중국의 통치 제도 변화를 정리해 보자.

주 (기원전 1046 ~ 기원전 256)	왕이 내린 토지를 제후가 다스리는 ㉠( )를 바탕으로, 중국 역사상 가장 오랫동안 존재했던 나라.	
춘추 전국 시대 (기원전 770 ~ 기원전 221)	주 왕실이 힘을 잃고 여러 제후국들이 왕을 칭하며 춘추 5패(제, 진, 초, 오, 월)와 전국 7웅(제, 초, 진, 연, 한, 위, 조)이 힘을 겨루던 시기.	
진 (기원전 221 ~ 기원전 206)	중국을 통일한 진의 시황제는 전국을 군과 현으로 나누어 황제가 직접 전국을 통치하는 ㉡( )를 실시하여 중앙 집권 체제를 확립.	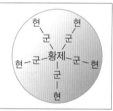
한 (기원전 206 ~ 기원후 220)	한 고조 때는 중앙에는 관리를 파견하여 황제가 직접 통치하고 지방은 제후들에게 땅을 나누어 주어 통치하는 ㉢( )를 실시하다가, 한 무제 때 이르러 왕권이 강화되면서 다시 ㉣( )를 실시함.	

┤ 보기 ├

군국제, 군현제, 봉건제

🅑 춘추 전국 시대의 특징

2. 빈칸을 채우며 춘추 전국 시대의 특징을 알아보자.

철기의 보급
철제 농기구가 제작되고 소를 농사에 활용하는 ㉠(   )이 시작됨.

상업과 수공업의 발달
늘어난 농업 생산력을 바탕으로 경제가 성장하고, 다양한 화폐가 생겨남.

춘추 전국 시대

철학과 학문의 발달
혼란한 사회를 이해하기 위한 사상들이 등장하고, 제후국들이 치열한 경쟁에서 살아남기 위해 유능한 인재를 등용함.
㉡(   )의 등장.
• 유가: ㉢(   ), 맹자 – 인과 예, 도덕을 강조.
• 법가: 한비자 – ㉣(   )에 따른 엄격한 통치.
• ㉤(   ): 노자, 장자 – 자연에 순응하는 무위자연.
• 묵가: 묵자 – 차별 없는 세상.

🅑 중국을 통일한 진시황제

3. 진시황제의 업적을 먼저 살펴보고, 진시황제가 벌였던 대규모 토목공사가 어떤 것인지 빈칸에 써 보자.

영웅?		독재자?
① 혼란스러웠던 중국을 통일하고 영토 확장. ② 황제라는 호칭 사용. ③ 중앙 집권 체제 구축. ④ 도로망을 정비하고 문자, 화폐, 도량형 통일.	VS	① 대규모 토목공사를 벌여(, 건설) 백성들을 강제 동원. ② 유학자를 비롯한 사상 탄압.

4. 〈보기〉를 참고하여 ㉠~㉣에 들어갈 인물의 이름을 채우고 이들의 업적을 바탕으로 한의 발전을 알아보자.

"나라를 안정시키고 전쟁으로 지친 백성들을 달래자!"	
한 고조 유방	① 중국 재통일. ② 군국제 실시. ③ 농민의 세금을 줄임.
"한 최고의 전성기! 나라를 더욱 강하고 부유하게!"	
㉠( )	① 군현제 실시. ② 유가를 통치 이념으로 삼고, 국립대학인 태학 설치. 유교 경전을 연구하는 훈고학 발달. ③ 소금과 철 전매. ④ 영토 확장. ⑤ 흉노 정벌을 위해 힘쓰고, 서역과 동맹을 맺기 위해 ㉡( )을 파견. ⇨ 비단길 개척
㉢( )	중국의 신화 시절부터 한 무제까지의 방대한 역사서인 『사기』 편찬.
㉣( )	종이를 개량하여 제지법 발명. ⇨ 비단길을 따라 주변국으로 전파

보기
무제, 사마천, 장건, 채륜

그 당시 한반도는?

한 무제 때 한반도에는 고조선이 자리 잡고 있었다. 무제는 고조선을 공격해 멸망시키고 군현을 설치했다.

1. 자신이 한 나라의 통치자라면 유가, 법가, 도가, 묵가의 사상 중에 어떤 것을 받아들였을지 까닭을 들어 서술해 보자.

2. 중국 역사상 가장 긴 혼란기였던 춘추 전국 시대에 상업과 수공업이 발달했던 까닭을 다음 핵심어를 활용하여 설명해 보자.

> 철기, 농업, 생산력

3. 진나라의 통치 시기는 불과 15년밖에 안 되지만, 그럼에도 불구하고 진나라가 중국 역사의 기틀을 다졌다는 평가를 받는 까닭이 무엇일지 짐작하여 써 보자.

4. 진이 중국을 통일한 지 불과 15년 만에 멸망한 원인을 설명해 보자.

5. 한 고조 유방이 실시했던 군국제는 어떤 통치 방식을 뜻하는 것인지 설명해 보자.

6. 장건이 개척한 비단길을 통해 동서양이 서로 어떤 것들을 주고받았는지 떠올리
며, 다음 문장을 완성해 보자.

비단길을 통하여 중국의 _____ 등이 _____로 전파되었고, 서양
의 _____가 중국으로 들어왔다.

7. 오늘날까지도 중국의 글자를 한자라고 하고, 중국의 다수 민족을 한족이라고 말
하는 까닭은 무엇일까?

01. 다음 중 춘추 전국 시대에 해당하는 것을 <u>모두</u> 고르시오.

① 5패, 7웅이 다투던 시기를 일컫는다.

② 계속되는 전쟁으로 백성들의 삶이 피폐해졌다.

③ 우경이 시작되었으나 전쟁 때문에 상업이 발달하지는 못했다.

④ 주(周) 왕실의 권위가 여전해 끝까지 추종하는 사람들이 많았다.

⑤ 사회 혼란을 바로잡을 유명한 사상가들이 많이 출현했다.

02. 진나라 시황제가 다음과 같은 정책을 실시한 목적으로 알맞은 것은?

> • 도량형·화폐·문자 통일
>
> • 도로망 정비
>
> • 군현제 실시

① 백성들이 더 나은 삶을 살 수 있도록 돕기 위해

② 강력한 왕권을 바탕으로 전국을 직접 통치하기 위해

③ 이민족이 진나라에 들어와 사는 것을 막기 위해

④ 군현이 발전할 수 있는 기반을 마련하기 위해

⑤ 자신의 위대함을 증명하기 위해

03. 한 무제에 대한 설명만 고른 것은?

㉠ 역사서 편찬	㉡ 철기 보급	㉢ 군현제 실시
㉣ 군국제 실시	㉤ 고구려 정벌	㉥ 태학 설립
㉦ 종이 발명	㉧ 철, 소금 전매제	

① ㉠, ㉡, ㉥

② ㉠, ㉢, ㉤

③ ㉠, ㉢, ㉥, ㉧

④ ㉠, ㉣, ㉥, ㉦, ㉧

⑤ ㉠, ㉢, ㉥, ㉦, ㉧

04. 다음 밑줄 친 내용 중 옳지 않은 것은?

한나라의 황족인 ㉠유수는 신을 멸망시키고 한을 계승하여 후한을 세웠다. 그가 바로 후한의 광무제다. 광무제는 ㉡역사서 편찬, 천체 관측 기구 발명, 종이 발명 등 많은 업적을 쌓았다. 그러나 후한 말기에는 ㉢흉노족의 침입으로 어려워지자 ㉣대토지와 노비를 거느린 호족들이 나서서 흉노족을 제압하고 권력을 잡기 시작했다. 결국 후한은 ㉤위나라의 조비에게 왕위를 넘겨주고 멸망했다.

① ㉠   ② ㉡   ③ ㉢   ④ ㉣   ⑤ ㉤

05. 다음 교역로에 대한 설명 중 옳지 <u>않은</u> 것은?

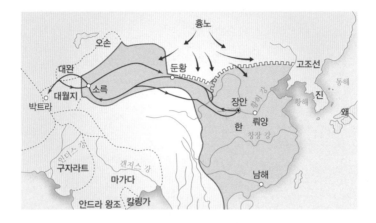

① 흉노를 정벌하기 위해 나선 길이 교역로가 되었다.

② 중국의 비단, 제지술 등이 로마 제국에 전파된 경로이다.

③ 이슬람교, 불교, 헬레니즘 등이 이 길을 통해 들어왔다.

④ 한나라의 힘이 약해지자 더 이상 사용할 수 없게 되었다.

⑤ 한나라의 장수 장건이 다녀오며 개척되었다.

책을 읽기 전에

🌏 3장의 마지막 부분 차례와 본문을 훑어보며 어떻게 읽을지 계획을 세워 보자.

그리고 자신이 세운 계획에 따라 읽기와 독후 활동을 진행해 보자.

1) 해당 부분을 한 번에 읽고 독후 활동을 진행한다.

2) 부분별로 나눠 읽고 독후 활동을 진행한다. 그렇다면 어떻게 나눠 읽을지 표시해 보자.

- 아크로폴리스와 아고라의 차이는 무엇일까? _ 아테네와 스파르타의 발전
- 아테네와 스파르타의 대결, 누가 승리했을까? _ 그리스·페르시아 전쟁과 그리스 내전
- 산파술이 도대체 뭘까? _ 그리스 문화의 특징
- 알렉산드로스는 왜 페르시아 여성과 결혼했을까? _ 헬레니즘 세계의 탄생
- 그라쿠스 형제는 왜 토지개혁을 주장했을까? _ 로마 공화정의 성립과 발전
- 황제의 어원은 로마에서 나왔다 _ 로마 제국의 탄생과 몰락
- 네로는 왜 크리스트교를 박해했을까? _ 로마 문화의 특징과 크리스트교 공인

책을 읽으며

1. 고대 그리스·로마에 대한 내용을 읽으며 중요하다고 생각하는 내용에 밑줄 쳐 보자.

2. 부분별로 읽은 내용을 생각하며 빈칸을 채워 보자.

ⓑ 아크로폴리스와 아고라의 차이는 무엇일까?: 아테네와 스파르타의 발전

1) 기원전 2000년경부터 에게해의 여러 섬에서 크레타 문명과 미케네 문명 등 (   )이 발달하였다. 기원전 10세기부터는 그리스인들이 세운 (   )라는 도시 국가들이 생겨났다.

2) 폴리스들은 모두 (   )의 일부라고 여겼고, 그리스어를 사용했다. 여성, 노예, 외국인을 제외한 폴리스 시민들이 참여하던 (   )도 열렸다.

3) 수많은 폴리스 가운데 두각을 나타낸 것은 민주 정치의 상징인 (   )와 군사 통치의 상징인 (   )였다.

4) 클레이스테네스가 만든 (   )는 독재자가 될 가능성이 있는 인물의 이름을 도자기 파편에 적어 많은 표를 얻은 인물을 해외로 10년간 추방하는 제도였다.

5) 기원전 5세기 중엽 페리클레스는 아테네의 (   ) 민주주의를 완성했다. 다만 여성, 노예, 외국인은 정치에 참여할 수 없었고 20세 이상의 (   )만 가능했다.

6) (   )는 다수의 노예 또는 반자유민을 지배하기 위해 강압적인 군국주의 정책을 펴고, 주변 지역을 정복하면서 성장했다.

ⓑ 아테네와 스파르타의 대결, 누가 승리했을까?: 그리스 · 페르시아 전쟁과 그리스 내전

1) 페르시아의 (   )가 그리스를 침략하며 시작한 1차 그리스 · 페르시아 전쟁은 페르시아의 패배로 끝났다. 2차 전쟁도 (   ) 해전 등에서 페르시아가 패배했다. 3차 전쟁은 평화 조약을 체결하며 끝이 났다.

2) (   )를 중심으로 페르시아의 침략에 대비하기 위해 (   ) 동맹이 탄생했다. 그러나 아테네가 독재자처럼 행동하자, 스파르타를 중심으로 한 별도의 (   ) 동맹이 체결되었다.

3) 델로스 동맹과 펠로폰네소스 동맹 간에 벌어진 (   ) 전쟁은 30

여 년간 계속되다 스파르타의 승리로 끝이 났다.

Ⓑ 산파술이 도대체 뭘까?: 그리스 문화의 특징

1) 서양 문화의 뿌리라 할 수 있는 고대 그리스 문화는 (   )이었다. 제우스를

비롯한 12신은 (   )의 모습을 했고 인간적인 감정을 지녔다.

2) 고대 그리스에서 가장 먼저 발전한 분야는 (   ) 철학이었다. 기원전

5세기경부터는 인간과 사회가 철학의 주제가 되었고, 이때 등장한 철학자들을

(   )라고 했다.

3) 다음 고대 그리스의 학자와 관련된 내용을 연결해 보자.

① 소크라테스 ·   · 역사학의 아버지

② 플라톤 ·   · 의학, 선서

③ 아리스토텔레스 ·   · 현실 정치 강조

④ 히포크라테스 ·   · 산파술

⑤ 헤로도토스 ·   · 참된 세계, 이데아

Ⓑ 알렉산드로스는 왜 페르시아 여성과 결혼했을까?: 헬레니즘 세계의 탄생

1) 그리스를 정복한 마케도니아의 왕 필립포스 2세의 아들 (   )는

그리스 연합군을 이끌고 (   )를 정복하기 위해 동방 원정에 나섰다.

2) 페르시아 왕조의 군대에 연이은 승리를 거둔 알렉산드로스의 군대는 소아시아, 시

리아, (   )를 차례로 정복했다.

3) 알렉산드로스는 정복한 지역마다 자신의 이름을 딴 도시 (   )

를 건설했다. 곳곳의 알렉산드리아는 (   ) 문화를 각지로 전파하고, 각지

의 문화를 (   )하는 역할을 했다.

4) 알렉산드로스 제국은 알렉산드로스가 사망한 후 마케도니아, (   ), (   )

세 나라로 분열되었다. 세 나라는 모두 기원전 1세기경 (   )에 멸망했다.

5) 그리스 문화와 동방의 문화가 합쳐져 (   ) 문화가 탄생했다. 인도에서

는 헬레니즘의 영향을 받아 (   ) 미술이 발전했다. 이 간다라 미술은 중국

을 거쳐 우리나라와 일본에까지 전파되었다.

Ⓑ 그라쿠스 형제는 왜 토지 개혁을 주장했을까?: 로마 공화정의 성립과 발전

1) 중국에서 춘추 전국 시대가 시작될 무렵, 이탈리아 중서부 (   ) 강변의 언

덕에서 도시 국가 (   )가 출범했다.

2) 기원전 6세기 후반 왕정 국가에서 공화정으로 바뀐 로마는 귀족 출신의 (   )

2명이 함께 나라를 통치했고, 중요한 국정은 집정관을 감독하는 귀족 회의인

(   )에서 결정했다.

3) 귀족들은 평민의 요구를 수용해 평민의 대표인 (   )을 뽑도록 허용했다.

호민관은 원로원의 결정을 거부할 수 있는 권리가 있었다.

4) 로마는 (   )를 공격하며 포에니 전쟁을 일으켰다. 약 80년 동안 계속

된 전쟁에서 (   )가 승리했다.

5) 정복 지역에서 들어온 값싼 곡물 때문에 풍년에도 (   )들은 손해를 보았고,

귀족들이 토지를 늘려 (   )을 만들자 토지를 잃은 농민은 더 가난해졌다.

6) 기원전 2세기 후반 로마의 호민관인 그라쿠스 형제가 (   ) 개혁을 주장했지만 실패했다. 이후 로마의 귀족과 평민 사이의 갈등은 커졌다.

7) 로마의 혼란 속에서 등장한 (   )는 갈리아 지방의 총독으로 부임해 브리타니아와 갈리아를 잇달아 정복하면서 로마의 영웅으로 떠올랐다.

8) 기원전 44년 카이사르는 (   )의 군대 해산 명령을 거부하고 로마로 진군해 권력을 장악했다. 이후 카이사르가 (   )에 의해 암살되고 로마는 다시 혼란스러워졌다.

❽ 황제의 어원은 로마에서 나왔다: 로마 제국의 탄생과 몰락

1) 카이사르의 후계자 (   )는 군대와 민회, 원로원을 모두 장악하고 사실상 황제가 되었다. 로마는 이후 약 200년 동안 큰 번영을 누려 이 시기를 '(   )'라고 한다.

2) 5현제 시기 로마 제국 전역에 (   )이 깔리고, 화폐와 (   )도 통일되어 상업과 (   )이 크게 발달했다.

3) 군인 황제 시대를 끝낸 (   ) 황제가 로마 제국을 (   )등분해 다스리다 죽자 로마는 다시 혼란에 빠졌다. 콘스탄티누스가 권력 다툼에서 승리하며 로마 제국을 다시 하나로 통합하였다.

4) (   ) 대제는 밀라노 칙령을 발표해 (   )교를 공인했다. 나아가 로마 제국의 수도를 사방이 절벽으로 둘러싸여 천혜의 요새인 (   )으로 옮기고, 콘스탄티노폴리스라 불렀다.

5) 4세기 후반부터 (   )이 대이동을 시작하며 본격적으로 로마 제국의 영토를 침입했다.

6) 테오도시우스 황제 시절, 로마 제국은 (   )와 (   )로 갈라서고, 5
세기 후반 서로마 제국은 게르만족의 침략에 멸망하고 말았다.

Ⓑ 네로는 왜 크리스트교를 박해했을까?: 로마 문화의 특징과 크리스트교 공인

1) 로마는 생활에 도움이 된다면 그리스 문화, 헬레니즘 문화를 모두 수용했다. 대표
적 건축물로는 원형 경기장인 (   ), 전쟁에서 이기고 돌아왔음을 축하
하는 (   ), 많이 사람들이 목욕을 즐기던 (   ) 등이 있다.

2) 로마의 최초 (   )인 12표법은 처음에 로마 시민들에게만 적용되다가 점차
외국인에게도 적용되는 만민법으로 발전했다. 이후 동로마 제국의 유스티니아누
스 황제는 법을 통합하여 (   ) 법을 만들었다.

3) 플루타르코스의 『(   )』이 로마 문학의 대표작이고, 시인은
(   )가 유명했다. 역사학자 리비우스는 『로마 건국사』를 썼다.

4) 1세기 중반 (   )가 창시한 크리스트교가 로마에 전파되자 황제는 위기감을
느끼고 대대적으로 탄압했다. 하지만 신도들이 굴복하지 않자 결국 황제는 크리스
트교를 공인하고 테오도시우스 황제 때는 (   )로 채택했다.

3. 고대 그리스에서 시작해 서로마의 멸망에 이르는 기간의 그리스 · 로마 역사를
다음 소제목들을 바탕으로 생각나는 대로 메모하고 설명해 보자.

Ⓑ 아테네와 스파르타의 발전

🅑 그리스 · 페르시아 전쟁과 그리스 내전

🅑 그리스 문화의 특징

🅑 헬레니즘 세계의 탄생

🅑 로마 공화정의 성립과 발전

🅑 로마 제국의 탄생과 몰락

🅑 로마 문화의 특징과 크리스트교 공인

🌐 3장의 내용 가운데 그리스 로마 부분에 대하여 한눈에 정리해 보자.

✍️ 에게 문명과 그리스 폴리스의 흥망성쇠

1. 빈칸을 채우며 고대 그리스 지역의 역사를 정리해 보자.

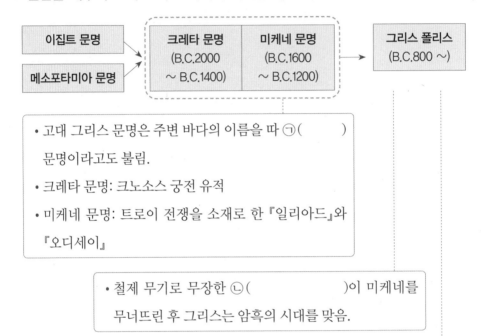

이집트 문명 / 메소포타미아 문명 → 크레타 문명 (B.C.2000 ~ B.C.1400) / 미케네 문명 (B.C.1600 ~ B.C.1200) → 그리스 폴리스 (B.C.800 ~)

- 고대 그리스 문명은 주변 바다의 이름을 따 ⊙(   )
  문명이라고도 불림.
- 크레타 문명: 크노소스 궁전 유적
- 미케네 문명: 트로이 전쟁을 소재로 한 『일리아드』와
  『오디세이』

- 철제 무기로 무장한 ⓒ(   )이 미케네를
  무너뜨린 후 그리스는 암흑의 시대를 맞음.

- 그리스 각지에 도시 국가인 ⓒ(   )들이 나타남.
- 폴리스의 구조는 신전이 위치한 아크로폴리스, 사람들
  이 모여 생활하는 공공장소인 아고라로 이루어짐.
- 각각의 폴리스는 독립국의 형태였지만, 공동체 의식을
  가지고 그리스어를 사용. 4년마다 모든 폴리스 시민
  들이 참여하는 스포츠 행사인 ⓔ(   )
  을 열었음.

2. 다음 표를 완성하며 그리스의 대표적인 폴리스였던 아테네와 스파르타를 비교해 보자.

	아테네	스파르타
민족	그리스 본토 이오니아인	도리아인
주요 산업	해상무역과 상업	㉠( )
정치	㉡( ) 도편 추방제	군국주의 공동생활과 국방의 의무

3. 빈칸을 채우며 그리스의 전쟁사를 정리해 보자.

그리스 · 페르시아 전쟁
(B.C.492~ B.C.448)

그리스 연합군
승
VS
페르시아 제국
패

⬇

앞으로의 전쟁에 대비하자는 명목으로 강국이었던
아테네가 다른 폴리스들로부터 돈을 걷었고, 이에 반발하는 폴리스들이 나타남.

⬇

㉠( ) 전쟁
(B.C.431~ B.C.404)

㉡( ) 중심의
델로스 동맹
㉢( )
VS
스파르타 중심의
펠로폰네소스 동맹
㉣( )

⬇

전쟁으로 인하여 스파르타의 국력이 많이 약해져 있던 틈을 타
북쪽에 있던 ㉤( ) 왕국이 기원전 4세기 후반 그리스를 정복함.

Ⓑ 알렉산드로스 제국

4. 아래 정리된 내용을 보고 적절한 제목을 빈칸에 써넣어 보자.

알렉산드로스의 (　　　　　　　　　)

- 소아시아, 이집트, 시리아를 정복. 정복지마다 알렉산드리아 건설.
- 아케메네스 페르시아를 공격(그라니코스 전투, 이수스 전투, 가우가멜라 전투), 멸망시킴.
- 인도 서북부 지역까지 정복하며 불과 12년 사이에 대제국 건설.
- 이후 군대의 반발로 원정을 마치고 회군하던 도중 사망.

알렉산드로스의 (　　　　　　　　)

- 정복지의 왕족을 그리스 귀족에 버금가게 대우해 줌.
- 페르시아 제국의 공주와 결혼하고, 그리스 연합군의 귀족과 장교들을 페르시아 귀족 가문의 여성과 결혼시킴.
- 페르시아의 통치 제도를 받아들임.
- 공식 언어를 그리스어로 통일하고 그리스 문화 전파.

로마 제국의 역사

5. ㉠~㉤에 들어갈 알맞은 어휘를 써넣고, 왼쪽의 빈칸을 채우며 로마의 정치 제도가 어떻게 달라졌는지 알아보자.

( )	**로마의 건국** • 기원전 8세기 무렵 이탈리아 중서부 테베레 강변에서 건국.

공화정 수립
• 기원전 6세기 후반 공화정으로 바뀜.
• 집정관과 원로원이 정치를 독점했으나, 평민들의 세력이 커지며 평민회가 만들어지고 평민 대표인 ㉠( )을 뽑아 정치에 참여하게 됨.

공화정

포에니 전쟁과 공화정의 쇠퇴
• 이탈리아를 통일한 로마는 지중해의 패권 장악을 위해 아프리카 북부에 위치하고 있던 ㉡( )와 포에니 전쟁을 벌임. (기원전 264년)
• 정복지를 다스리기 위해 만민법을 제정하고 관용과 통합 정책을 시행함.
• 포에니 전쟁에서 승리한 이후 귀족들의 대농장인 ㉢( ) 등장.
• 그라쿠스 형제의 개혁이 실패하며 정치가 더욱 혼란스러워지고 군인 출신 정치인들이 등장.
• 브리타니아와 갈리아를 정복하며 영웅으로 떠오른 카이사르가 최고 권력자가 됨. (기원전 44년)

로마의 전성기
• 옥타비아누스가 ㉣( ) 칭호를 사용함.
• 200여 년간 '로마의 평화(팍스 로마나)' 시대 형성.

( )	**로마의 분열과 서로마 멸망** • ㉤( )의 잦은 침입. • 콘스탄티누스 대제가 크리스트교를 공인(밀라노 칙령)하고, 콘스탄티노폴리스(비잔티움)로 천도. • 4세기 말 동서 로마로 분리됨.

🄱 서양 문화의 뿌리

6. 빈칸을 채우며 그리스 로마 문화 특징을 정리해 보자.

그리스 문화	인간 중심적, 합리적

- 자연 철학: 데모크리토스, 피타고라스 등
- 인문 철학: 소피스트 프로타고라스 (상대적인 인간 중심)
　　　　　소크라테스, 플라톤, 아리스토텔레스 (객관적이고 절대적인 진리 추구)
- 의학: 히포크라테스
- 역사: 헤로도토스의 『역사』

㉠(　　　) 문화	㉡(　　　　　), 세계 시민주의

- 철학: 개인의 행복을 추구하는 철학 발전(스토아학파, 에피쿠로스학파)
- 과학과 수학 : 아르키메데스, 유클리드

로마 문화	㉢(　　　)

- 건축: 콜로세움, 개선문, 공중목욕탕, 도로망(아피아 가도)
- 법률: 12표법 → 만민법 → 동로마의 유스티니아누스 법
- 문학: 플루타르코스의 『영웅전』, 그리스 로마 신화, 베르길리우스의 시
- 역사: 리비우스의 『로마 건국사』

1. 스파르타가 강력한 군국주의 정책을 펼쳤던 까닭이 무엇인지 서술해 보자.

2. 〈보기〉에 제시된 그리스의 철학자와 정치가들 가운데 가장 중요하다고 생각하는 인물을 하나 고르고, 그렇게 생각한 까닭을 써 보자.

─────┤ 보기 ├─────

소크라테스, 플라톤, 아리스토텔레스, 솔론, 클레이스테네스, 페리클레스

3. 다음 지도에 해당하는 영토를 차지했던 제국이 정복지를 통치하기 위하여 펼친 정책을 두 가지 이상 서술해 보자.

4. 헬레니즘 문화가 개인주의와 세계 시민주의라는 특징을 갖게 된 까닭을 서술해 보자.

5. 로마가 카르타고와 전쟁을 벌인 목적을 서술해 보자.

6. 로마가 오른쪽 지도의 영토를 차지했 던 오현제 때의 상황을 서술해 보자.

7. 콘스탄티누스 대제가 밀라노 칙령으로 크리스트교를 공인한 까닭을 서술해 보자.

8. 그리스 로마 문화를 인류 문명의 어머니라고 칭하는 까닭이 무엇일지 서술해 보자.

그리스 로마 신화의 인물	오늘날의 사례
제우스(유피테르, 주피터): 최고의 신 헤라(유노): 제우스의 아내. 최고의 여신 아프로디테(비너스): 미의 여신 디오니소스(바쿠스): 술과 풍요의 신 니케: 승리의 여신 세이렌(사이렌): 바다의 요정	화장품 브랜드 '헤라' 방탄소년단의 노래 '디오니소스' 속옷 브랜드 '비너스' 스포츠 브랜드 '나이키' 스타벅스 로고 '세이렌'

01. 지도에 표시된 지역에 대한 설명으로 옳지 않은 것은?

① 기원전 2000년경 해상무역으로 번영했던 문명이다.

② 인근 지역의 자연재해가 겹치면서 멸망했다.

③ 철기로 무장한 도리아인들의 침입으로 멸망했다.

④ 대표적인 유적으로 크노소스 궁전이 있다.

⑤ 에게해에서 가장 먼저 융성한 문명이었다.

02. 다음 중 아테네에서의 생활에 해당하는 것을 모두 고르시오.

> ㉠ 아고라에 나가 폴리스에서 추방할 사람의 이름을 적는다.
>
> ㉡ 7살 여자아이가 군사 훈련을 받고 있다.
>
> ㉢ 결혼 후에도 막사에서 살기 때문에 집을 지을 필요가 없다.
>
> ㉣ 시장에 가면 다른 나라에서 들어 온 물건을 살 수 있다.
>
> ㉤ 인구의 대부분이 노예이거나 반자유민이다.
>
> ㉥ 소피스트들이 자신의 철학을 주장하는 연설을 들을 수 있다.

03. 다음 사건들을 일어난 순서대로 배열하시오.

> • 포에니 전쟁   • 그리스·페르시아 전쟁
>
> • 동방 원정   • 펠로폰네소스 전쟁

04. 다음 중 〈보기〉의 빈칸에 들어갈 사람이 한 일로 볼 수 <u>없는</u> 것은?

---보기---

필립포스 2세를 이어 마케도니아의 왕이 된
_____는 군대를 이끌고 정복 활동에 나섰어요.

---

① 자신의 이름을 딴 도시들을 건설했다.

② 페르시아 공주와 결혼하며 민족 융합정책을 펼쳤다.

③ 그리스어를 공식 언어로 통일해 그리스문화를 전파하려 했다.

④ 아무리 유능해도 페르시아인은 관리로 등용하지 않았다.

⑤ 강력한 왕권 중심으로 통치하는 동방의 통치체제를 받아들였다.

05. 다음 중 그 설명이 옳지 <u>않은</u> 것은?

① 그리스의 문화는 인간 중심적이면서 조화와 균형을 강조했다.

② 헬레니즘의 영향을 받아 인도에서는 간다라 미술이 발전했다.

③ 헬레니즘 시대에는 과학, 수학 등은 크게 발전했지만 철학은 쇠퇴하였다.

④ 로마 시대 초기에는 기독교를 박해했으나 결국 국교로 인정하여 받아들였다.

⑤ 로마의 문화는 건축, 도로, 법률 등 실용성을 강조한 것들이 많았다.

06. 다음 중 활동 시기가 다른 한 사람은?

① 호메로스 　　　　　② 소크라테스

③ 프로타고라스 　　　④ 헤로도토스

⑤ 플루타르코스

07. 로마의 정치 변화 과정을 순서대로 나열한 것은?

> (ㄱ) 왕이 다스리는 왕정체제
>
> (ㄴ) 성산 사건
>
> (ㄷ) 원로원에서 국정을 운영하는 공화정 체제
>
> (ㄹ) 그라쿠스 형제의 토지개혁
>
> (ㅁ) 포에니 전쟁
>
> (ㅂ) 황제가 다스리는 제정국가

① ㄱ-ㄴ-ㄷ-ㄹ-ㅂ-ㅁ   ② ㄷ-ㄴ-ㄱ-ㅂ-ㅁ-ㄹ

③ ㄱ-ㄷ-ㅂ-ㅁ-ㄹ-ㄴ   ④ ㄱ-ㄷ-ㄴ-ㅁ-ㄹ-ㅂ

⑤ ㄱ-ㄷ-ㄴ-ㄹ-ㅁ-ㅂ

08. 다음에서 설명하는 사건으로 인한 결과가 <u>아닌</u> 것은?

> 이탈리아를 통일한 로마는 지중해 일대를 장악하기 위해서 이곳과 전쟁을 벌였다. 페니키아의 식민시였으나 지중해 절대강자였던 이곳과 두 차례에 걸쳐 80년 동안 전쟁을 치렀다.

① 이곳에서 들어오는 값싼 농산물 때문에 농민이 가난해졌다.

② 이곳에서 얻은 전리품으로 부자가 된 농민이 급증했다.

③ 귀족들은 토지를 늘려 라티푼디움을 만들었다.

④ 그라쿠스 형제는 자영농을 살리기 위한 토지 개혁을 주장했다.

⑤ 몰락한 농민을 사병으로 만든 군인 정치가가 등장했다.

09. ㉠, ㉡에 들어갈 내용으로 알맞은 말을 써 넣으시오.

> 성산 사건 이후 로마 평민들은 참정권을 요구하며, 평민의 대표인 (㉠)을/를 뽑았다. (㉠)은/는 원로원의 결정을 거부할 수 있었다. 또한 로마 시민들에게 적용되는 (㉡)을 제정하여 시민의 권리를 문서로 정리할 것을 요구했다.

10. ㉠에 들어갈 내용으로 알맞지 <u>않은</u> 것은?

로마는 5현제가 다스리는 평화 시대를 누렸다.

↓

㉠

↓

서로마는 게르만족의 침입으로 멸망했다.

① 디오클레티아누스는 로마를 4개로 나누어 통치하려 했다.

② 콘스탄티누스 대제는 로마 제국의 수도를 비잔티움으로 옮겼다.

③ 기독교도들에 대한 탄압이 극심하여 카타콤에서 예배를 봤다.

④ 테오도시우스 황제는 기독교를 공인하는 밀라노 칙령을 공포했다.

⑤ 로마 제국은 동로마와 서로마로 완전히 갈라졌다.

세계 종교의 확산과
지역 문화의 형성

: 종교가 세상을 바꾸다

Chapter 04

불교 및 힌두교 문화의 형성과 확산

📖 왜 인도는 종교의 나라가 됐을까?

책을 읽기 전에

💡 04장의 차례를 바탕으로 질문의 답을 생각해 보거나, 질문 거리를 생각해 보자.

- 석가는 왜 왕이 되기를 포기했을까? _ 불교의 탄생

  ↳

- 아소카왕은 왜 전쟁을 포기했을까? _ 마우리아 왕조의 인도 통일과 발전

  ↳

- 인도의 불상이 왜 서양 사람을 닮았을까? _ 쿠샨 왕조와 간다라 미술

  ↳

- 인도에는 2억의 신이 있다 _ 굽타 왕조의 성립과 힌두교의 발전

  ↳

- 아라비아 숫자의 기원은 인도 _ 인도 고전 문화의 발전과 동남아시아로의 확산

  ↳

책을 읽으며

1. 6세기 전후 인도 북부 역사에 대한 내용을 읽으며 중요하다고 생각하는 내용에 밑줄 쳐 보자.

2. 부분별로 읽은 내용을 생각하며 빈칸을 채워 보자.

   📄 석가는 왜 왕이 되기를 포기했을까?: 불교의 탄생

1) 기원전 6세기경 갠지스강 일대의 아리아인들이 국교로 삼은 브라만교에서는 종교 사제인 브라만의 신분이 왕보다 높았다. 그러자 국방의 의무를 다하는 (   ), 제사에 드는 비용을 담당하는 (   )의 불만이 커지고 (   ) 제도를 강하게 비판했다.

2) 기원전 6세기 중반 인도 북부의 작은 나라에서 (   )라는 왕자가 인간의 불행은 이기적인 욕심에서 비롯된다는 사실을 깨닫고 (   )를 창시했다.

3) '깨달음을 얻은 성자'라는 뜻이 담긴 이름의 (   )는 모든 사람이 (   )하다는 사상과 (   )의 정신을 강조했고, 많은 사람들이 의지했다. 특히 크샤트리아와 바이샤가 불교를 적극 지원했다.

Ⓑ 아소카왕은 왜 전쟁을 포기했을까?: 마우리아 왕조의 인도 통일과 발전

1) 기원전 317년 (   )가 인도 북부를 통일하고 마우리아 왕조를 건설했다.

2) 마우리아 왕조는 찬드라굽타의 손자인 (   ) 시절 전성기를 맞았다. 북 인도의 (   ) 유역부터 남인도의 (   )에 이르는 광대한 영토를 차지했다. 강력한 (   )를 확립하고, 도로망을 정비했으며 상업을 장려했다.

3) 정복에 혈안이 되었던 아소카왕은 (   )의 참혹함을 깨닫고 (   )에 귀의한 다음, 불교를 사방으로 전파해 (   )로 성장하는 계기를 만들었다. 아소카왕에 의해 전파된 불교는 상좌부 불교라고 한다.

4) (   ) 왕이 죽고 난 후 마우리아 왕조는 점점 약해지다가 기원전 (   ) 년 멸망했다.

ⓑ 인도의 불상이 왜 서양 사람을 닮았을까?: 쿠샨 왕조와 간다라 미술

1) 1세기경 이란 계통의 쿠샨족이 인도 서북부 지방에 (   ) 왕조를 세웠다.

2) 2세기 중엽 쿠샨 왕조의 3대 왕인 (   )왕 시절 북쪽의 중앙아시아로

　　진출하여, 동쪽으로 중국, 서쪽으로 로마와 페르시아, 남쪽으로 인도 여러 지역,

　　북쪽으로 중앙아시아와 모두 교류하며 (   )으로 번영을 누렸다.

3) 카니슈카왕도 불교를 적극 보호하며 사원과 불탑도 많이 만들었다. 이때 발달한

　　(   ) 불교는 (   )을 통해 중국, 고구려, 백제, 신라까지 전파되었다.

4) 알렉산드로스 원정 이후 그리스인들이 간다라 지방에 정착했다. 인도 사람들은 쿠

　　샨 왕조 시절부터 신을 조각하는 그리스 사람들을 따라 불상을 만들기 시작했다.

　　이처럼 (   ) 문화에 (   )의 전통문화가 결합하면서 나타난 미술

　　양식을 (   )이라 한다.

ⓑ 인도에는 12억의 신이 있다: 굽타 왕조의 성립과 힌두교의 발전

1) 4세기에 (   )의 굽타 왕조가 분열된 인도의 (   )를 다

　　시 통일하고 인도 북동부의 대부분을 차지했다.

2) (   )는 인도 동쪽 끝의 벵골만부터 서쪽 끝 아라비아해까

　　지 영토를 넓히고, (   )을 통해 경제 번영을 이루며 굽타 왕조의 전성

　　기를 이루었다.

3) 굽타 왕조 때 불교는 약해지고 (   )를 중심으로 불교와 인도 민간 신앙

　　까지 모두 녹인 종교인 (   )가 성립되었다. 굽타 왕조는 힌두교를 보호하

　　고 장려했다.

4) 힌두교는 교리나 제사 절차가 (   )하고 해탈을 원하면 요가나 고행을 열심히 하면 된다고 했다. 주어진 의무를 성실히 수행하면 다음 생에서 더 나은 (   )로 태어날 수 있다고 했다. 힌두교의 교리를 정리한 『(   )』은 종교 생활은 물론 일상생활에도 적용되었다.

🅱 아라비아 숫자의 기원은 인도: 인도 고전 문화의 발전과 동남아시아로의 확산

1) 굽타 왕조 때 (   ) 고전 문화가 발전하기 시작했다. 인도 언어인 (   )로 쓰인 〈마하바라타〉와 〈라마야나〉와 같은 서사시, 궁정 생활의 이야기를 담은 희곡 〈사쿤탈라〉가 탄생했다.

2) 굽타 양식은 (   )에 인도 전통문화가 결합되어 나타났다. 굽타 양식의 대표적 불교 예술 작품은 (   )이다.

3) 과학도 발전하고 수학자들은 숫자 '(   )'을 처음 사용하고, 천문학자들은 원주율을 이용해 (   )를 정확하게 계산해 냈다. 지구의 자전, 지구가 태양 주위를 돈다는 (   )의 개념도 밝혀냈다.

4) (   ) 중반 이후 굽타 왕조는 소국으로 전락했다가 곧 멸망했다.

3. 6세기 전후 인도 북부 역사를 핵심어 중심으로 정리하고 설명해 보자.

🅱 불교의 탄생

🅑 마우리아 왕조의 인도 통일과 발전

🅑 쿠샨 왕조와 간다라 미술

🅑 굽타 왕조의 성립과 힌두교의 발전

🅑 인도 고전 문화의 발전과 동남아시아로의 확산

4장 내용을 한눈에 정리해 보자.

🅑 불교의 성립

1. 빈칸을 채우며 불교가 탄생한 과정을 파악해 보자.

㉠（　　）교
아리아인들이 섬겼던 종교로, 종교를 담당하던 브라만 계급이 카스트 제도의 가장 높은 지위를 차지함.

➡️

불교
고타마 싯다르타가 창시한 종교로, 신분 차별에 반대하고 욕심을 버리면 누구나 ㉡（　　）에 이를 수 있다고 주장함.

🅑 불교 및 힌두교 문화의 확산

2. 인도의 통일 왕조 이름을 순서대로 써넣고, 왕조의 변천과 불교 및 힌두교의 확산 과정을 알아보자.

[　　　　] 왕조	• 기원전 317년 수립(알렉산드로스의 동방 원정 이후). • ㉠（　　）왕: 영토 확장과 중앙 집권 체제 확립. • 개인의 해탈을 중시하는 상좌부 불교 전파.
[　　　] 왕조	• 1세기경 이란 계통의 쿠샨족이 인도 통일. • 카니슈카왕: 영토 확장과 무역의 발달. • 중생 구제를 강조한 ㉡（　　　） 전파. • 헬레니즘과 불교 문화가 결합한 ㉢（　　　） 미술 양식 발달함. → 중국, 우리나라, 일본으로 전파됨.
[　　　] 왕조	• 4세기 초 인도 북부 재통일. • 찬드라굽타 2세: 영토 확장, 동서 해상무역 발달. • 브라만교에 민간 신앙과 불교가 결합한 ㉣（　　　）가 정착되어 인도의 민족 종교로 성장. • 산스크리트어 문학, 굽타 양식(아잔타 석굴) 등 인도의 고전 문화 발달. • 수학(0의 개념과 원주율)과 천문학(자전과 공전설)의 발달.

1. 불교가 탄생하고 사람들에게 널리 퍼질 수 있었던 배경을 서술해 보자.

2. 빈칸을 채우며 상좌부 불교와 대승 불교의 차이점을 설명해 보자.

상좌부 불교는 석가모니의 가르침에 따라 _____
_____을 목표로 한다.
대승 불교는 쿠샨 왕조의 카니슈카왕 시기부터 등장한 불교의 종파로, _____
_____
_____을 강조했다.

3. 다음을 바탕으로 힌두교가 인도의 민족 종교로 자리 잡게 된 까닭을 서술해 보자.

• 굽타 왕조   • 불교의 쇠퇴   • 단순한 교리   • 카스트 제도

01. 다음에서 설명하는 인도 왕조에 대한 설명으로 옳은 것은?

  이란 계통의 부족이 세운 왕조로 인더스강을
중심으로 한 북인도에서 중앙아시아에 이르는
땅을 차지했다.

① 이 왕조의 3대 왕이 불교를 전파하기 위해 인도의 각 지에 석주를 설치했다.

② 브라만교와 불교를 융합한 힌두교를 적극 지원했다.

③ 인체의 윤곽선이 드러난 섬세한 불상이 유행했다.

④ 수양과 개인의 해탈을 중요하게 여긴다.

⑤ 중국과 로마 사이의 여러 나라를 연결하는 중계 무역을 하였다.

02. 다음에서 설명하는 왕조와 관련이 <u>없는</u> 것은?

  해상무역이 발달하였으며 주로 향신료와 보석, 면화를 수출했다. 카스트 제도를
그대로 받아들여 왕을 비슈누의 화신으로 여겼다.

① 아잔타 석굴　　　② 굽타 양식의 불상　　　③ 산스크리트어

④ 마누법전　　　⑤ 산치 대탑

03. 다음을 알맞게 연결하시오.

마우리아 왕조 •   • 찬드라굽타 2세 •   • 힌두교

쿠샨 왕조 •   • 아소카 •   • 상좌부 불교

굽타 왕조 •   • 카니슈카 •   • 대승 불교

동아시아 문화의 형성과 확산

📖 동아시아, 중국 문화를 받아들이며 성장하다

책을 읽기 전에

🌏 『한 번에 끝내는 중학 세계사』 150쪽 안내와 각 부분별 소제목을 훑어보며 중요한 단어나 어구에 ○해 보자

- 중국 (위진 남북조) 시대의 특징에 대해 개괄적으로 설명해 보세요.
- 당의 정치 제도와 토지 및 세금 제도 그리고 당 문화의 특징에 대해 알아봅시다.
- 일본에서 고대 국가가 형성되고 발전하는 과정을 이야기해 보세요.
- 동아시아 문화권이 어떻게 형성되었으며, 공통적으로 나타나는 요소가 무엇인 지 살펴봅시다.

책을 읽으며

1. 3세기 초부터 8세기까지 이어지는 기간 동아시아 역사에 대한 내용을 읽으며 중요하다고 생각하는 내용에 밑줄 쳐 보자.

2. 부분별로 읽은 내용을 생각하며 빈칸을 채워 보자.

Ⓑ 『삼국지연의』는 왜 유비 중심으로 이야기가 전개되었을까?: 위 · 촉 · 오의 대결과 위진 남북조 시대의 전개

1) 3세기 초 후한을 (　　)가 이었고, 위는 촉을 정복했다. 이후 위의 뒤를 이은 진이 오를 무너뜨리며 중국을 통일했다. 이 시기가 (　　　　　　　) 시대의 시작이다.

2) 중국 북방의 (　　　)족 추장 유연이 진을 침략해 산시성 일대에 한을 세웠다. 한에 공격당한 진은 동남쪽으로 옮겨 가 진을 다시 일으키는데 이 나라가 (　　　)이다.

3) 흉노, 갈, 저, 강, 선비 등 5개의 북방 민족이 이후 100년 이상 화베이 지방을 지배하며 16개국을 세웠다. 이를 (　　　　　　)이라 불렀다.

4) 북중국에서는 16국 중 하나인 북위가 전진을 정복하고 (　　　　) 지방을 통일하며 (　　　)가, 남중국에서는 동진이 한족의 (　　)에게 멸망하면서 남조의 시대가 시작되었다.

🄑 북조 불상의 얼굴은 황제의 얼굴을 본떴다?: 위진 남북조 시대의 문화

1) 남북조 시대 문화의 특징으로 (　　　) 문화 발달, (　　　　　　　)를 통한 관리 추천제도 시행, 도교 발전, (　　　) 발달을 꼽을 수 있다.

🄑 수가 대운하를 만든 까닭은?: 수의 통일과 당의 재통일

1) 370여 년간 계속된 위진 남북조 시대의 혼란기를 끝내고 중국을 통일한, 한족 양견이 세운 나라는 (　　)이다.

2) 수 문제 양견은 9품중정제를 폐지하고 (　　　　　)를 도입해 관리를 선발했다. 북위에서 시행되던 균전제를 개선해 (　　　　　)로 세분화하고 농사와 병역 의무를 동시에 수행하는 (　　　　)를 활용했다.

3) 양제는 여항에서 탁군까지 약 2,000킬로미터에 이르는 (　　　　　)를 건설하고, 정복 전쟁을 벌이며 (　　　) 정책을 폈지만, 고구려 정벌 실패 후 반란이 일어나 37년 만에 무너졌다. 수를 무너뜨린 이연은 618년 (　　)을 세웠다.

Ⓑ 당 태종은 왜 메뚜기를 삼켰을까?: 당의 발전과 멸망

1) 당의 2대 (   )은 왕권 강화를 위해 율령 체제를 정비해 (   ) 체제
   를 확립하며 국가의 기틀을 확고하게 구축했다. 또 중앙아시아의 돌궐을 정복해
   (   )을 확보했다.

2) 6대 황제 현종 때 (   ) 이후 국가의 기틀이 흔들리기 시작했다.

3) 중앙아시아의 탈라스강 유역에서 벌어진 당과의 전투에서 승리한 (   ) 세
   력이 당의 제지 기술자를 끌고 가면서 중국의 (   )이 서역으로 전파되었다.

4) 9세기 말 (   )으로 수도인 장안이 점령당하기도 했으며, 10세기 초
   (   )이란 절도사에 의해 당은 멸망했다.

Ⓑ 당삼채가 서역 상인과 낙타의 모양새를 한 까닭은?: 당의 귀족 문화 발전과 교역 확대

1) 당의 귀족들은 시를 즐겼는데 대표적인 시인은 (   ), (   ), 왕유, 백거이
   등이 있었다. 유학 분야도 발전해 7세기 중반에는 (   )을 집대성한『오경
   정의』를 편찬했다.

2) 귀족 문화의 영향으로 당의 예술 작품은 화려하고 색채감이 뛰어났다. 세 가지 색
   깔을 입혀 낙타와 같은 서역의 모습으로 만든 도자기인 (   )가 대표적이다.

3) 당의 문화는 (   )이었다. 인도에서 들어온 불교를 비롯해 아라비아반도에
   서 탄생한 (   ), 사산 왕조 페르시아 때 탄생한 (   )가 들어왔
   다. 비잔티움에서 사용하던 마노 잔도 수입되었으며, 페르시아의 국교였던 조로아
   스터교, 크리스트교의 한 종파인 네스토리우스교도 들어왔다.

ⓑ 일본 아스카 문화의 '원본'은 한반도에서 따왔다?: 일본 고대 국가의 성립과 발전

1) 만주와 한반도 일대에 들어섰던 (   )은 청동기 문화를 바탕으로 건설되어 번영하다 (   ) 무제의 침략에 멸망했다. 이어 고구려, 백제, 신라의 (   ) 시대 가 이어졌고, 7세기 신라의 통일 후 남쪽에는 신라, 북쪽에는 발해가 각각 발전하 는 (   ) 시대가 이어졌다.

2) 일본은 기원전 3세기경에 중국과 한반도의 이주민이 건너가 만든 (   ) 문 화가 나타났다. 이후 일본에서도 (   )가 시작되고, 철제 농기구를 사용했 다. 이때부터 일본에는 작은 나라들이 생겨나기 시작했다.

3) 4세기경에 나타난 (   )이 일본 최초의 통일 왕국을 세웠다. 야마 토 정권은 수·당과 한반도 삼국 문화를 수입하며 발전했다.

4) 6세기 후반 (   ) 태자가 불교를 수입하는 등 왕권 강화를 위한 개혁에 돌 입했다. 이때 발전한 일본의 고대 문화를 (   ) 문화라고 한다.

5) 7세기 초 왕실이 호족 세력의 반란을 진압하고 중앙 집권 체제를 확립했다. 왕을 '천황'으로 높여 불렀고, 나라 이름을 (   )으로 바꾸었다. 이 개혁을 (   )이라고 한다.

6) 8세기 초, 당의 수도인 (   )과 흡사한 계획도시를 헤이조쿄(나라)에 만들어 (   )를 열었다. 이때 불교가 융성했으며, 귀족 문화가 발달하고 왕실 과 귀족들이 왕위 다툼을 벌이는 등 (   )과 비슷한 모습을 보였다.

7) 8세기 말 수도를 헤이안쿄로 옮기며 (   )를 열었다. 고유의 문화를 발달시키고자, 일본어인 '가나'를 사용하고, 전통 복장이나 전통 노래도 만들었다.

B 한·중·일의 공통점은 무엇일까?: 동아시아 문화권의 형성

1) 동아시아 세 나라의 공통점은 (   ), (   ), (   )를 들 수 있다. 세 나라
 의 비슷한 문화 때문에 동아시아 문화권이라 부른다.

2) 동아시아 문화권이 어느 정도 완성된 시기는 중국 (   ) 때였다. 삼국을 통일한
 (   )가 당의 문화를 전폭적으로 받아들이고, (   )도 당의 수도를 모방해
 수도를 만들었다.

3. 3세기 초부터 8세기까지 이어지는 기간의 동아시아 역사에서 생각나는 내용을
 떠올려 보자.

🌐 5장 내용을 한눈에 정리해 보자.

🔖 후한 이후 중국의 혼란기

1. 후한 멸망(220년) 이후에 이어지는 370여 년간의 긴 혼란기를 무엇이라고 부르는
   지 떠올리며 다음 빈칸을 채워 보자.

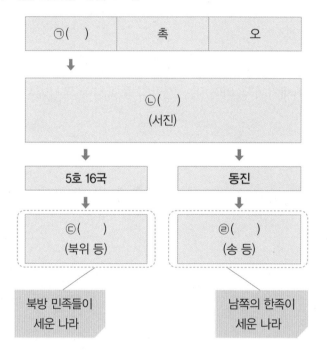

2. 위진 남북조 시대의 문화적 특징을 정리해 보자.

> • ㉠(   ): 9품중정제를 통한 관직 세습으로 호족들이 문벌귀족화.
>   – 시(도연명), 그림(고개지), 서예(왕희지) 발달
>
> • ㉡(   ): 현실 정치와 세속적 삶 대신 자유로운 삶을 추구하는 사람들이 늘어남.
>   – 청담사상 유행, 죽림칠현

> - ©(   ): 북조 시기에 인도의 대승 불교 전래
>   - 윈강 석굴, 둔황 석굴

㉑ 중국을 다시 통일한 수와 당

3. 수(589~618)와 당(618~907)의 황제들을 한 문장으로 소개하고 그들이 남긴 업적을 정리해 보자.

수 문제: 긴 혼란기를 끝내고 피폐해졌던 경제를 다시 살림.
- 9품중정제를 폐지하고 ㉠(   ) 도입.
- 균전제(토지), 조·용·조(세금), 부병제(군사) 실시.

수 양제: (   )
- 남북을 연결하는 ㉡(   ) 건설, 대규모 토목공사 실시.
- 팽창 정책을 펼쳐 남쪽의 안남(베트남), 북쪽의 돌궐을 제압.
- ㉢(   )를 침략했으나 정벌에 실패.

→ 대규모 토목공사와 팽창 정책으로 인한 백성들의 반란으로 멸망.

당 고조
- 수를 무너뜨리고 당을 건국함.

당 태종: (   )
- 3성(중서성, 문하성, 상서성) 6부(이·호·예·병·형·공) 체제.
- 수의 통치 제도(과거제, 균전제, 조·용·조, 부병제)를 받아들여 더욱 발전시킴.
- 돌궐을 정복하면서 동서 교역로인 ㉣(   )을 확보함.
- 고구려를 침략하여 큰 피해를 입힘.

당 고종: 태종의 후궁이었던 (⬛⬛⬛⬛⬛)가 실질적 권력을 쥠.

- 한때 당이 없어지고 주라는 나라를 선포하기도 했으나 실패함.
- 신라와 연합함. 고구려와 백제가 이 시기에 멸망함.

당 현종

- 절세미인 (⬛⬛⬛⬛)의 뜻에 따라 정치를 함.

→ 중앙정부의 힘이 점차 약해지고 안사(안록산과 사사명)의 난, 황소의 난을 겪으며
국력이 쇠하여 멸망.

🅑 당에서 꽃핀 문화와 교역의 확대

4. 빈칸을 채우며 귀족적이고 국제적인 당의 문화를 정리해 보자.

- 귀족 문화
  - 시: 이백, 두보, 왕유

- ㉠(⬛⬛⬛⬛)
  - 훈고학 집대성: 『오경정의』

- 예술
  - ㉡(⬛⬛⬛): 서역의 특색이 드러남. 삼색 유약을 입힘.

㉢(⬛⬛⬛⬛⬛)을 통한 동서 교류 확대

서 →(보석, 유리, 다양한 종교) ←(제지법, 비단, 도자기) 동

아바스 왕조의 수도
바그다드

당의 수도
장안

5. 고대 일본의 발전 과정을 정리해 보자.

야요이 문화	• 기원전 3세기 중국과 한반도의 이주민이 주도. • 벼농사가 시작되고 철제 농기구 사용.
㉠( ) 정권	• 4세기경 일본 최초의 통일 왕국 수립. • 6세기 말 쇼토쿠 태자가 고구려와 백제에서 불교를 들여오고 왕권 강화에 힘씀. 이때 발전한 문화를 '㉡( ) 문화'라고 부름. • ㉢( )이라는 개혁을 통해 천황을 칭하고 일본이라는 국호를 사용함.
나라 시대	• 장안을 본뜬 계획도시 헤이조쿄(나라)를 세움. • 당의 문화를 수용하여 귀족 문화 발달.
헤이안 시대	• 수도를 헤이안쿄(교토)로 옮김. • 일본 문자인 ㉣( ) 사용. 고유문화 발달.

그 당시 한반도는?

위진 남북조 시기 중국의 혼란을 틈타 고구려가 요동으로 진출했다. 고구려, 백제, 신라 삼국은 불교와 유교 등 중국 문화를 활발하게 받아들였고 동아시아 문화권을 형성하였다.

1. 중국의 북위가 시행한 토지 제도인 균전제는 어떤 특징이 있는지 서술해 보자.

2. 후한 말기의 호족들이 문벌 귀족으로 변신하는 과정을 9품중정제와 관련하여 서술해 보자.

3. 수의 문제가 세분화한 조 · 용 · 조가 무엇인지 각각 서술해 보자.

- 조:

- 용:

- 조:

4. 수에 반란이 일어난 까닭을 서술해 보자.

5. 당 문화는 귀족적이고 국제적이라는 평가를 받는다. 당에서 이러한 문화가 발달한 까닭을 서술해 보자.

6. 한국, 중국, 일본 등의 동아시아 문화권이 갖는 공통점을 밝히고 이러한 문화가 형성된 까닭을 서술해 보자.

01. 아래 지도의 시기에 대한 설명으로 옳지 <u>않은</u> 것은?

① 호족들이 성장하여 왕실을 위협하는 등 혼란한 시기였다.

② 대운하를 건설하여 남북의 물자가 활발히 교류되도록 했다.

③ 흉노·갈·저·강·선비 등 북방 민족들이 화베이 지역을 점령했다.

④ 북방 민족 중에는 스스로 한족의 문화를 받아들이려는 노력도 있었다.

⑤ 전쟁이 계속되어 세속을 떠나 자유롭게 살고 싶은 청담 사상이 유행했다.

02. 다음 빈칸에 들어갈 내용으로 알맞게 연결된 것은?

> 위진 남북조 시대에는 호족들이 중앙에 쉽게 진출할 수 있는 (㉠)이/가 있어 관직을 독차지하고 세습했다. 또한 왕실과 귀족의 보호를 받으며 (㉡)이/가 성장하여 고구려, 백제에 전파되기도 했다.

	㉠	㉡
①	9품중정제	도교
②	과거제	도교
③	균전제	불교
④	과거제	불교
⑤	9품중정제	불교

03. 다음에서 가리키는 나라에 대한 설명이 <u>아닌</u> 것은?

> 오랫동안 계속된 토목공사에 지친 백성들이 반란을 일으키며 들어선 나라로, 국제적이고 귀족적인 문화를 자랑한다. 신라의 삼국 통일에도 관여했으며 서양의 로마 제국, 아바스 왕조 등과 활발히 교류했다.

① 처음으로 과거제를 도입해 왕에게 충성하는 신하를 선발했다.
② 이전 나라의 균전제, 조·용·조 등의 제도를 더욱 발전시켰다.
③ 돌궐을 정복하여 비단길을 확보했다.
④ 이슬람 세력과 탈라스강 부근에서 전투를 벌였으나 실패했다.
⑤ 훗날 지방 절도사들이 반란을 일으켜 멸망했다.

04. 다음 중 일본 아스카 문화에 대한 설명으로 옳은 것은?

① 불교를 적극 육성하여 왕권을 강화하는 데 활용했다.

② 당의 문화를 적극 수용하여 귀족 문화가 발달했다.

③ 철제 농기구를 사용하여 벼농사를 짓기 시작했다.

④ 일본 특유의 무사 정치가 시작된 시기이다.

⑤ 일본 문자인 '가나'와 전통 노래 '와카'가 만들어졌다.

05. 해당하는 설명끼리 바르게 연결하시오.

- ㉠ 훈고학 •   • a. 시선
① 위진
   남북조 •   • ㉡ 도연명 •   • b. 경전을 해석하는 학문
           • ㉢ 이백 •   • c. 〈귀거래사〉
           • ㉣ 왕희지 •   • d. 대안탑
           • ㉤ 도교 •   • e. 죽림칠현
② 당 •   • ㉥ 현장 •   • f. 서예

이슬람 문화의 형성과 확산

📖 새로운 종교가 서아시아를 뒤흔들다

책을 읽기 전에

🌏 이번 장에서 읽고 기억해야 할 내용은 무엇일지 『한 번에 끝내는 중학 세계사』
에서 안내하는 내용을 바탕으로 생각해 보자.

> • 메카가 급부상해서 이슬람교의 중심이 될 수 있었던 이유는 무엇인가요?
>
> • 정통 칼리프 시대와 왕조의 다른 점이 무엇인지, 그리고 특징은 무엇인지 알아봅
>   시다.
>
> • 수니파와 시아파가 분열한 이유에 대해 설명해 보세요.
>
> • 아바스 왕조와 바그다드의 발전상에 대해 살펴봅시다.

책을 읽으며

1. 6세기경 서아시아 지역부터 시작하는 이슬람 세계의 역사에 대한 내용을 읽으
   며 중요하다고 생각하는 내용에 밑줄 쳐 보자.

2. 부분별로 읽은 내용을 생각하며 빈칸을 채워 보자.

   📇 메카가 왜 갑자기 떠올랐을까?: 이슬람교의 성립과 이슬람 공동체 건설

   1) 6세기경 서아시아를 지배한 나라인 (   ) 왕조 페르시아와 서쪽의 (   )
      제국 사이의 전쟁 때문에 상인들이 이용하던 비단길이 막히고 새로운 교역로가 필
      요했다.

2) 비단길이 막히자 지중해와 홍해를 연결하는 새로운 교역로로 찾은 바닷길 덕분에
   무역의 중심지로 새롭게 떠오른 두 도시는 (   )와 (   )였다.

3) 메카의 상인이었던 무함마드가 빈부 격차가 심하고 부족 간 전쟁이 자주 일어나
   혼란스러운 세상을 바로잡을 새로운 진리라고 생각한 종교는 (   )교이다.

4) 이슬람교에서는 종족이나 계급에 상관없이 모두 (   )하고, (   )에게
   는 절대 복종해야 하고 우상을 숭배해서는 안 된다고 주장했다.

5) 이슬람교와 무함마드를 탄압하는 귀족들의 위협이 커지자 622년 무함마드가 메
   디나로 떠난 것을 (   )라고 한다. 얼마 후 무함마드는 메카까지 정복했다.

🅑 이슬람이 수니파와 시아파로 분열한 까닭은?: 정통 칼리프 시대와 시아파의 등장

1) 무함마드가 세상을 떠난 후 자리를 이을 지도자인 (   )를 선출하며 칼리
   프 시대로 접어들었다. 이후 네 명의 칼리프가 선출되었다.

2) 7세기 중반 이슬람 세력은 (   )를 정복하고, 비잔티
   움을 공격해 이집트와 튀니지 등 아프리카 북부까지 빼앗았다. 칼리프들은 정복한
   영토에 (   ) 정책을 시행해 이슬람교를 퍼트렸다.

3) 4대 칼리프가 암살되자 (   ) 가문 출신의 무아위야 시리아 총독이 칼
   리프 자리에 올랐다. 이후 칼리프 자리를 우마이야 가문이 (   )하며 우마이야
   왕조가 세워졌다.

4) 무함마드의 혈통만이 칼리프 자격이 있다고 주장하며 (   )파를 만든 사람들
   은 우마이야 왕조를 인정하지 않았고, 능력과 자질만 있다면 칼리프가 될 수 있다
   고 주장하는 사람들은 (   )파를 만들었다.

⑮ 우마이야 왕조, 100년 만에 멸망하다: 우마이야 왕조의 흥망과 이슬람교의 교리

1) 우마이아 왕조는 중앙아시아, 북부 아프리카, 유럽의 이베리아반도까지 정복했지만 이란 지방에서 성장한 (   ) 가문에 멸망당하고 말았다.

2) 아바스 가문은 (   ) 지방에서 성장해 우마이야 왕조를 반대하는 시아파와 힘을 합친 후 이슬람 세계를 지배했다. 아바스 왕조에 이르러 이슬람교는 세계 종교로 성장했다.

3) 이슬람교의 경전은 『(   )』으로 이슬람 교리와 이슬람교도가 실천해야 할 규율이 담겨 있고, 종교를 넘어 일상생활의 규범에까지 적용되었다.

4) 이슬람교로 개종하면 꼭 이행해야 하는 5대 의무를 (   )이라고 한다.

⑮ 왜 이슬람 국가들은 아바스 왕조를 멸망시키지 않았을까?: 아바스 왕조와 이슬람 분열

1) 아바스 왕조는 정복 전쟁을 멈추지 않으면서도 민족이나 인종은 물론 정복지의 백성들까지도 (   )하게 대했다.

2) 당의 군대와 격돌한 (   ) 전투에서 아바스 왕조가 승리하면서 중앙아시아의 비단길을 비롯한 동서 교역로를 장악하고 아바스 왕조의 수도인 (   )는 국제도시로 성장했다.

3) 10세기 초 (   )에 시아파 왕조인 (   ) 왕조가 들어서 얼마 후에는 이집트 전역을 지배하고 이탈리아의 시칠리아까지 정복했다. 아바스 왕조에게 파티마 왕조는 큰 위협이었다.

4) 10세 중반부터 아바스 왕조는 분열과 권력 다툼 때문에 약해졌지만, 아바스 왕조의 혈통만이 (　　　　　)를 세습할 수 있었기 때문에 13세기 중반 몽골에 멸망할 때까지 지속할 수 있었다.

🅑 아라비안나이트를 '천일야화'라고 하는 이유: 동서 교역 확대와 이슬람 문화권의 형성

1) 아바스 왕조는 수도인 (　　　　　　　)를 중심으로 연결된 교역로를 따라 전 세계에서 맹활약하며 동서 교류가 활발해지는 데 큰 역할을 했다. 중국의 제지법, 나침반, 화약 제조 기술을 (　　　　)으로 전파하고, 천문학과 역법을 (　　　　)에 전해 주었다.

2) 전 세계의 문화를 아우르는 이슬람 문화도 발전했다. 문학에서 대표적인 작품이 아라비아 민담을 기초로 페르시아, 인도, 이집트 등 이슬람권 각 지역의 풍속까지 담은 작품인 『(　　　　　　　　　　)』이다.

3) 인도의 굽타 왕조 때 만든 '0'의 개념을 받아들여 최종적으로 (　　　　　　) 숫자를 만들었다. 다른 금속으로 금을 만드는 기술인 연금술이 발달하는 과정에서 각종 실험을 하다 보니 (　　　　)도 발전했다.

4) 이슬람 사원인 모스크의 벽을 장식하는 특이한 양식을 '아라비아풍'이란 뜻의 (　　　　　　　)라고 한다.

3. 6세기경 서아시아 지역부터 시작하는 이슬람 세계의 초기 역사 흐름을 정리해 보자.

🌐 6장 내용을 한눈에 정리해 보자.

🔰 이슬람 세계의 성립과 왕조의 변화

1. 빈칸에 해당하는 주요 이슬람 용어를 익히고, 이슬람 세계의 변화를 정리해 보자.

㉠(   ): 종교 탄압을 피해 무함마드가 메디나로 이주한 사건.

㉡(   ): 이슬람의 정치와 종교를 모두 담당하는 지도자.

㉢(   ): 능력만 있다면 칼리프가 될 수 있다고 주장하는 종파.

㉣(   ): 무함마드의 혈통만이 칼리프 자격이 있다고 주장하는 종파.

| 무함마드 시대
(622~632) | • 무함마드가 메카에서 메디나로 이주한 ㉠(   )가 일어난 해를 이슬람력 원년으로 삼음. |

| 정통 ㉡(   ) 시대
(632~661) | • 무함마드가 죽은 후 약 30년간 네 명의 칼리프가 선출됨.
• 아프리카 북부 지역까지 진출. |

| 우마이야 왕조
(661~750) | • 칼리프를 세습하는 시대가 시작됨.
• 수도를 메디나에서 다마스쿠스로 옮김.
• 유럽 남서쪽 이베리아반도까지 진출.
• 우마이야 왕조를 세운 ㉢(   )와 달리, 4대 칼리프였던 알리를 지지하던 ㉣(   ) 세력은 이란 지역에서 독자적인 세력을 키움. |

아바스 왕조 (750~1258)	후 우마이야 왕조 (756~1031)	파티마 왕조 (909~1171)
• ㉣( )와 힘을 합쳐 우마이야 왕조를 멸망시킴. 곧 시아파와 결별하고 수도를 바그다드로 옮김.	• 이베리아반도로 진출한 이슬람 세력이 아바스 왕조를 따르지 않고 세운 왕조.	• 이집트 지역에서 ㉣( )가 세운 왕조.

ⓑ 이슬람 상인의 국제 교류

2. 이슬람 상인들이 활발하게 국제 교역을 할 수 있었던 배경과 특징을 정리해 보자.

① 배경: 이슬람교에서 상업 활동을 적극 장려하였음. 아바스 왕조 시기에 ㉠(   )과
의 탈라스 전투에서 승리하며 동서 교역로 장악함.

② 전개: ㉡(   )과 바닷길을 통해 동서 교류를 활발히 함.

③ 영향: 이슬람교가 널리 소개되었고, 동양의 문물을 서양에 전파하여 유럽의 과학
기술 발달에 영향을 줌.

ⓑ 이슬람의 문화

3. 빈칸을 채우며 대표적인 이슬람의 문화의 특징을 정리해 보자

문학	페르시아와 인도, 이집트 등 이슬람 문화권 전역에 전해져 내려오는 민담을 바탕으로 '천일야화'라고도 불리는 ㉠( )가 쓰임.
㉡( )	인도의 굽타 왕조 때 만든 0과 숫자를 받아들여 최종적으로 아라비아 숫자를 완성함.
화학	다른 금속으로 금을 만들기 위한 ㉢( )이 활발히 연구되면서 각종 실험을 하다 보니 화학이 발전하게 됨.
건축	이슬람 문화권에 속한 도시 전역에 이슬람 사원인 ㉣( )를 세움. 이곳에서 종교 모임뿐 아니라 재판이나 집회 등 일상생활이 이루어짐.
장식	기하학적인 무늬나 식물의 덩굴무늬, 아라비아 문자의 배열 같은 아라베스크 양식이 발달함.

그 당시 한반도는?

아라비아반도에 이슬람교가 자리를 잡던 시기, 한반도에는 신라가 삼국을 통일(676년)하였다. 이슬람 상인들은 중국을 거쳐 통일 신라와 고려까지 진출하여 수은이나 향료를 팔고, 도자기와 비단을 사 갔다.

1. 6세기경 아라비아반도에 위치한 메카와 메디나가 급격히 성장할 수 있었던 배경을 서술해 보자.

2. 많은 사람이 이슬람교를 창시한 무함마드를 따랐던 까닭은 무엇일지 당시 사회의 문제점을 바탕으로 생각해 보자.

> • 무역 독점   • 귀족   • 차별   • 부족 간의 전쟁

3. 아바스 왕조에 이르러서 이슬람교가 세계 종교로 도약했다는 평가를 받는 까닭은 무엇인가?

4. 이슬람 상인들의 활약이 유럽 사회에 끼친 영향이 무엇인지 서술해 보자.

5. 이슬람의 발달한 문화 중 하나를 보기에서 고르고 어떤 특징을 가지고 있는지 설명해 보자.

보기
•문학　•수학　•화학　•건축　•장식

01. 〈보기〉에서 설명하는 종교에 대한 설명으로 옳지 않은 것은?

> ─── 보기 ───
>
> "알라가 유일신이고, 알라신 앞에서는 모든 인간이 평등하며, 알라를 믿고 따르면 천국에 갈 수 있다."

① 7세기 초 무함마드에 의해 창시되었다.

② 경전을 '쿠란'이라 하며, 모두 아랍어로만 쓰여 있다.

③ 하루에 다섯 번 메카를 향해 기도를 올려야 한다.

④ 기도를 올리는 모스크는 종교시설로만 엄격히 제한해 운영한다.

⑤ 우상숭배를 막기 위해 사람이나 동물 문양을 사용하지 않는다.

02. 다음 중 이슬람 세력이 크게 확장할 수 있었던 요인으로 볼 수 없는 것은?

① 사산 왕조 페르시아와 비잔티움 제국이 오랜 전쟁으로 쇠약해졌다.

② 이슬람교로 개종하면 세금을 감면해 주었다.

③ 아랍인 우대 정책을 펼쳤다.

④ 비단길이 막히자 새로운 교역로가 필요해졌다.

⑤ 모든 사람은 평등하다는 사상으로 많은 사람을 모이게 했다.

03. 아래 왕조와 관련 있는 설명을 찾아 연결하시오.

1) 정통 칼리프 시대 •

2) 파티마 왕조 •

3) 아바스 왕조 •

4) 우마이야 왕조 •

• a. 민족 차별 정책

• b. 당나라와 탈라스 전투

• c. 4명의 칼리프 선출

• d. 카이로에 근거지를 둠.

04. 다음 중 지도의 ⓐ부분과 관련이 <u>없는</u> 설명은?

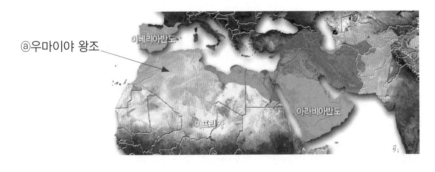

ⓐ우마이야 왕조

① 정통 수니파로 구성되었으며, 이슬람 최초의 왕조를 열었다.

② 시리아 다마스쿠스로 수도를 옮기며 세력을 확장했다.

③ 유럽으로 영토를 넓히기 위해 프랑크 왕국과 전쟁을 벌였다.

④ 중앙아시아로 세력을 확장하기 위해 비단길을 장악했다.

⑤ 이베리아반도에 자신들의 왕국을 세우기도 했다.

05. 다음 중 이슬람 문화에 대한 설명으로 옳지 <u>않은</u> 것은?

① 연금술이 발달하였다.

② 지리학과 천문학이 발달하였다.

③ 종교 위주의 생활로 문학이 발달하지 못했다.

④ 유럽에 나침반, 화약 제조술 등을 전달했다.

⑤ 중국과 우리나라에 천문학과 역법을 전했다.

06. 다음 빈칸에 알맞은 말을 써 넣으시오.

> • 무함마드의 혈육만이 칼리프의 자격이 있다고 주장하는 종파는 (㉠)이다.
> 이들은 (㉡) 지역으로 옮겨가 자신들만의 종파를 발전시켰다.
> • 또한 이집트에선 (㉠) 종파를 내세운 (㉢) 왕조가 들어서며 북부 아프리
> 카뿐만 아니라 시칠리아까지 정복했다.

㉠:

㉡:

㉢:

책을 읽기 전에

🌐 이번 장에서 기억해야 할 내용은 무엇일지 안내하는 내용과 부분별 제목을 훑어
보며 단어나 어구에 ○해 보자.

책을 읽으며

1. 5세기부터 14세기까지 중세 유럽의 역사에 대한 내용을 읽으며 중요하다고 생
각하는 내용에 밑줄 쳐 보자.

2. 부분별로 읽은 내용을 생각하며 빈칸을 채워 보자.

　🔁 로마 교회는 왜 프랑크 왕국을 지지했을까?: 게르만족의 이동과 프랑크 왕국의 건국

　1) 4세기경 (　　　　　)족인 동고트족이 훈족에 밀려 로마 제국 영토로 이동했다. 5
　　세기 후반 게르만 용병 부대의 반란에 (　　　　) 제국은 멸망했다.

　2) 게르만 국가들의 경쟁에서 (　　　　　) 왕국이 승리했다. 프랑크 왕국은 (　　　)
　　교회와 손을 잡고 서유럽을 대표하는 나라로 떠올랐다.

　3) 궁재 카롤루스 마르텔이 8세기 전반 이슬람 (　　　　　　) 왕조 군대의 침략을
　　격퇴했다. 그의 아들 (　　　)이 왕을 몰아내고 왕위에 올랐다.

🅑 프랑크 왕국이 분열한 까닭은 무엇일까?: 프랑크 왕국의 분열과 로마 제국의 부활

1) 프랑크 왕국은 (   ) 대제 시절 전성기를 맞았다. 대제는 서로마 제국의
   영토를 거의 다 차지하고, 교황에게서 (   )의 관을 받았다.

2) 게르만족의 문화와 크리스트교 문화, 로마 문화가 융합해 탄생한 문화는 유럽 전
   역으로 확산되고 (   ) 문화의 뼈대가 되었다.

3) 루트비히 1세가 죽으며 영토를 분배한 이후 세 왕자는 (   ) 조약을 체결하
   고 (   ) 나라로 갈라섰다. 9세기 후반 최종적으로 메르센 조약에 따라 (   )프랑
   크와 (   )프랑크로 분할되었다.

4) 동프랑크의 오토 1세는 로마 교회로부터 (   ) 제국의 황제로 추대되
   었다. 가상의 제국인 신성 로마 제국의 전성기 때는 프랑스와 (   )을 빼고 유
   럽 대부분이 속해 있었다.

🅑 중세 유럽의 농민을 왜 농노라 부를까?: 중세 유럽 봉건제의 특징

1) 프랑크 왕국에서 왕이 (   )에게 토지를 나누어 주며 (   )제가 시작되었
   다. 주군과 봉신의 (   ) 관계는 국왕에서부터 제후, 기사에 이르기까지 모든
   지배층이 연결되었다.

2) 중세 유럽은 제후나 기사들이 받은 봉토를 (   ) 형태로 운영하는 장원 경제였
   다. 장원은 모든 생산과 소비를 스스로 해결하는 (   )의 농촌 공동체였다.

3) 장원의 우두머리는 (   )이고, 장원에 사는 농민은 대부분 노예와 다름없는 생
   활을 하는 (   )였다.

ⒷⒺ 크리스트교는 왜 분열했을까?: 비잔티움 제국의 흥망과 동유럽 문화권의 성립

1) (　　　　　　　) 제국이라고도 하는 동로마 제국의 전성기는 6세기 초 유스티니아누스 대제 통치 시절로 로마 제국의 옛 영토를 대부분 되찾았고, 로마 법률을 정비해 『(　　　　　　　) 법전』을 만들었다.

2) 비잔티움 제국은 로마의 전통 위에 고대 (　　　　) 문화와 (　　　　　) 문화까지 융합되어 서유럽과 달랐다.

3) (　　　　　　　) 성당은 비잔티움 양식의 대표적 건축물이다. 거대한 원형 돔으로 (　　　)을 만들었고, 벽은 화려한 (　　　　　　)로 채웠다.

4) 서유럽과 종파가 다른 크리스트교인 비잔티움 제국의 (　　　　　　　)는 키예프 공국을 비롯해 동유럽의 (　　　　)족 국가로 확산되었다.

5) 비잔티움 제국은 11세기부터 이슬람 세력에 밀리다 15세기 중반 (　　　　) 제국에 의해 멸망하고 말았다.

ⒷⒺ 황제는 왜 교황에게 용서를 빌었을까?: 중세 크리스트교 문화의 발달

1) 교회의 일부 성직자들이 (　　　)을 팔거나 (　　　　) 장사를 하는 등 타락하자 10세기 이후 클뤼니 수도원에서 개혁을 주도해 성과를 거두었다.

2) 신성 로마 제국 (　　　)와 로마 (　　　)의 대립에서 황제가 카노사의 굴욕을 겪었다. 12세기 초 (　　　)이 성직자 임명권을 가지는 것에 합의하며 교황이 황제를 꺾었다.

3) 10세기 말부터 주로 쓰인 (　　　　　　　) 양식의 건축물은 반원형 아치, 두꺼운 기둥이 특징이고, 12세기부터는 뾰족한 첨탑과 다양한 색의 유리로 장식한 스테인드글라스가 특징인 (　　　) 양식의 건축물이 지어졌다.

4) 학문 분야에서 신앙과 이성의 조화를 추구하는 (   ) 철학이 유행했다. 중
   세 후반부터 교회나 수도원의 학교들이 정식 (   )으로 발전했다. 영국의 〈아
   서 왕 이야기〉를 비롯한 (   ) 문학도 유행했다.

십자군은 왜 같은 편인 비잔티움 제국을 공격했을까?: 십자군 전쟁과 장원 경제의 몰락

1) 11세기 중반 셀주크 튀르크가 크리스트교의 (   ) 순례를 막자, 비
   잔티움 제국 황제가 (   ) 교황에게 도움을 요청했다. 이에 로마 교황은
   (   )을 소집해 이슬람 세력에 선포하며 십자군 전쟁이 시작되었다.

2) 십자군 전쟁이 (   )교의 패배로 끝나자 교회의 권위가 추락하고, 봉건
   (   )와 기사들이 약해졌다. 십자군의 물자를 보급하고 운송을 담당하던 (
)들이 번영하면서 장원 경제가 무너지기 시작했다.

3) 11세기 이후 (   )라고 하는 상업과 수공업 조합의 활약으로 상업과 수공업이
   발전했고 시장도 늘었다. 북유럽에서는 수십여 개의 도시가 (   ) 동맹을 맺어
   무역을 독점했다.

4) 14세기 들어 유럽 전역에 (   )병이 돌아 일손이 모자라자 많은 (   )
   가 돈을 내고 자유를 얻었고, 돈이 많은 길드는 왕이나 영주에게 돈을 주고 도시의
   (   )권을 얻었다.

백년 전쟁에서 기사들이 몰락한 이유: 중앙 집권 국가 등장

1) 13세기 초 영국의 왕이 마음대로 세금을 거두었다가 귀족들의 반란에 왕의 권력
   을 제한하는 (   )에 서명했다. 이 헌장은 영국 의회 민주주의 발전에 중요
   한 역할을 한다.

2) 13세기 후반 유럽 최대의 왕조인 (   ) 왕조가 탄생해 전성기에는
유럽 대부분을 장악했다.

3) 14세기 초반 영국과 프랑스 사이에 프랑스 왕위 계승권을 놓고 (   ) 전쟁이
벌어졌다. 잔 다르크의 활약으로 (   )가 승리했다. 백년 전쟁에서 패배한
영국은 왕위 계승권을 놓고 귀족 가문 간에 (   ) 전쟁이 벌어졌다.

4) 백년 전쟁과 장미 전쟁으로 유럽 사람들의 (   ) 의식이 성장했다. 두 전쟁에
서 첨단 무기들이 등장하자 창검을 쓰던 (   )들이 몰락하며 (   )이 강화
되어 중앙 집권 국가로 발전하는 토대가 갖추어졌다.

❸ 유럽은 왜 그리스·로마 문화를 되살리려 했을까?: 르네상스의 시작과 확산

1) (   )는 인문주의를 근본정신으로 하는 그리스·로마 문화를 되살리려
는 문예 부흥 운동이다.

2) 르네상스가 (   )에서 시작된 것은 고대 (   )의 문화유산이 가장
많이 남아 있고, 지중해 일대 무역을 통해 부유해진 도시가 많았기 때문이다. 또
(   ) 제국이 멸망한 후 고전 문화를 연구하던 많은 학자들이 이탈리아
로 건너왔기 때문이다.

3) 르네상스 회화는 (   )의 아름다움을 있는 그대로 표현하고, (   )을 도
입해 사실적으로 표현했다. 문학도 평범한 사람들의 삶을 다룬 작품이나 중세 시
대를 풍자·경고하는 작품이 많이 나왔다.

4) 16세기 이후 (   ) 이북으로 확산한 르네상스는 중세와 교회를 비판하고
현실을 풍자하는 경향이 두드러졌다.

5) 르네상스 시대 과학도 크게 발전했다. 코페르니쿠스와 갈릴레이가 (   )을 주장, 입증했다. 독일의 구텐베르크가 발명한 (   ) 활자와 활판 인쇄술이 인문주의 사상의 빠른 전파와 종교 개혁에 크게 기여했다.

🅑 헨리 8세는 왜 로마 가톨릭을 버렸을까?: 종교 개혁 열풍

1) 교회의 면벌부 판매에 신학자 (   )가 95개의 반박문을 만들어 정면으로 비판했다. 많은 (   )와 (   )들의 지지를 받고 이후 루터파 교회는 정식 종교로 인정받았다.

2) 종교 개혁 열풍은 (   )로 번졌다. 칼뱅은 신이 구원할 사람을 결정해 두었다는 (   )을 주장하며 열심히 일해서 돈을 버는 것은 미덕이라고 하며 자본주의 이념이 탄생하는 데 기여했다.

3) 영국의 헨리 8세는 영국의 왕이 영국 교회의 수장이라는 (   )을 발표하며 (   )가 탄생했다.

4) 17세기 독일에서 구교와 신교 사이의 (   ) 전쟁이 터져 독일, 영국 등 여러 나라가 참전하며 (   ) 전쟁이 벌어졌다. 이 전쟁이 끝나며 체결된 (   ) 조약에 따라 구교와 신교의 자유가 모두 인정되었다.

3. 기억나는 내용을 떠올리며 5세기부터 14세기까지 중세 유럽의 역사를 정리해 보자.

🌐 7장 내용을 한눈에 정리해 보자.

🗄 로마 제국 그 이후

1. 빈칸을 채우며 서로마 제국이 멸망한 이후의 중세 유럽을 지배했던 국가들과 주요 특징을 정리해 보자.

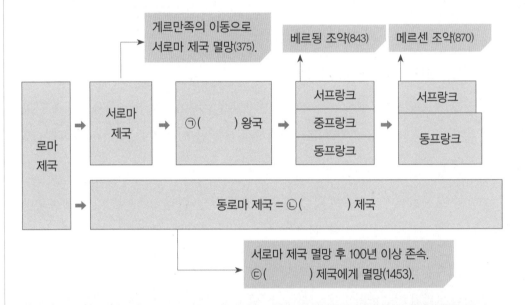

로마 제국의 분열 이후 로마 교회는?

• 동로마의 경우 황제가 교회까지 지배하는 황제 교황주의였기 때문에 로마 교회와는 대립 관계였음.

• 로마 교회는 프랑크 왕국과 손을 잡고 세력을 키워감.

  - 프랑크 왕국의 ㉣(   ) 대제: 대관식에서 로마 교황이 서로마 제국의 부활 선포. 서유럽 문화의 기틀 마련.

  - ㉤(   ) 왕국의 오토 1세(오토 대제): 로마 교황으로부터 신성 로마 제국의 황제로 추대받음.

⑱ 서유럽 봉건제의 특징

2. 중세 유럽의 봉건제(주종제+장원제)에 대해 정리해 보자.

- 배경: 프랑크 왕국의 약한 왕권과 잦은 이민족 침입.
- 특징: ① 계약으로 맺어진 주종 관계.

　　② 장원 경제 체제: 장원 내에 영주의 성과 교회가 있고, 모든 생산과 소비를
　　장원 내에서 해결하는 자급자족 농촌 공동체.

⑱ 크리스트교를 중심으로 발달한 중세 유럽의 사회와 문화

3. 서유럽과 동유럽의 사회와 문화를 다음 표에 비교하며 정리해 보자.

	서유럽	동유럽(비잔티움 제국)
정치	• 봉건제를 바탕으로 하는 지방 분권적인 정치 체제.	• 황제가 정치, 군사, 종교를 모두 관장하는 ㉠(　　　　　) 정치 체제. • 군관구 제도, 둔전병 제도
종교	• 10세기 클뤼니 수도원을 중심으로 교회 개혁 운동. • 신성 로마 제국의 황제가 성직자를 임명하다가 '카노사의 굴욕(1077)' 사건 이후로 교황권이 강화됨.	• 8세기 초 성상 숭배 금지령 이후 로마 교회(로마 가톨릭)와 완전히 갈라서면서 ㉡(　　　　　)가 정착.
문화	• 10세기 말 로마네스크 양식(반원형 아치, 두꺼운 기둥) 유행 • 12세기 ㉢(　　　　) 양식(첨탑, 스테인드글라스) 유행 • 신학 발달 • 기사 문학 유행	• 유럽 법 체계의 근본이 된 『유스티니아누스 법전』 • ㉣(　　　　) 양식(돔, 모자이크) 유행 • 비잔티움 문화가 키예프 공국 등 슬라브족에 전파되며 동유럽 문화의 뼈대가 형성됨.

(B) 유럽을 뒤흔든 사건과 중세 사회의 변화

4. 빈칸을 채우며 중세 유럽 사회의 대표적인 사건들을 알아보자.

1096 ~ 1270	십자군 전쟁	• 셀주크 튀르크가 성지인 ㉠( )을 점령하고 비잔티움 제국을 공격하자 비잔티움 제국의 황제가 로마 교황에게 도움을 요청함.
		• 십자군이 많은 사람을 학살하고 비잔티움 제국의 수도 ㉡( )를 약탈하는 등 세속적인 전쟁으로 타락하게 됨.
1309	㉢( )	• 왕과 귀족들이 교황을 아비뇽에 가둔 사건. 이 사건 이후 로마와 아비뇽에서 각각 교황이 선출되며 교회 대분열.
14세기	흑사병	• 유럽 인구 1/3의 목숨을 앗아간 전염병.
1273	합스부르크 왕조 탄생	• 합스부르크 왕조가 오스트리아, 독일, 에스파냐, 네덜란드 등 유럽 대부분을 지배.
1337	㉣( )	• 프랑스 왕위 계승권을 두고 영국과 프랑스가 벌인 전쟁. • ㉤( )의 활약으로 프랑스 승리.
1455	㉥( )	• 영국 내에서 왕위 계승을 놓고 귀족 가문이 벌인 전쟁.

십자군 전쟁의 결과는?

• ㉦( )의 권위 하락.

• 봉건 영주와 기사들의 몰락.

• 이탈리아 남부 도시들이 크게 번영. → 상업 도시가 발달하며 영주로부터 도시의 자치권을 얻거나, 흑사병 이후 농민들이 돈으로 자유를 얻는 등 장원이 붕괴하기 시작함.

백년 전쟁과 장미 전쟁의 결과는?

• 백년 전쟁과 장미 전쟁을 치르며 국민 의식 성장.

• 화약과 대포 등 첨단 무기 등장으로 봉건 제후들의 세력 약화.

• ㉧( )의 필요성에 대한 공감대 형성.

5. 르네상스의 의미와 특징을 생각 그물 형태로 정리해 보자.

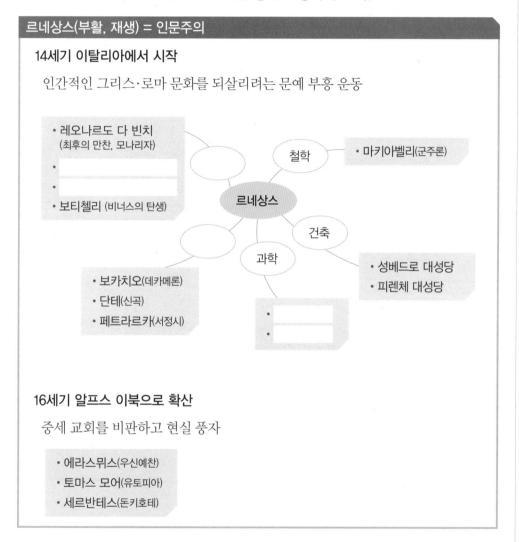

르네상스(부활, 재생) = 인문주의

14세기 이탈리아에서 시작

인간적인 그리스·로마 문화를 되살리려는 문예 부흥 운동

- 레오나르도 다 빈치
  (최후의 만찬, 모나리자)
-
-
- 보티첼리 (비너스의 탄생)

철학

- 마키아벨리(군주론)

르네상스

건축

과학

- 성베드로 대성당
- 피렌체 대성당

- 보카치오(데카메론)
- 단테(신곡)
- 페트라르카(서정시)

-
-

16세기 알프스 이북으로 확산

중세 교회를 비판하고 현실 풍자

- 에라스뮈스(우신예찬)
- 토마스 모어(유토피아)
- 세르반테스(돈키호테)

6. 빈칸을 채우며 종교 개혁의 과정을 정리해 보자.

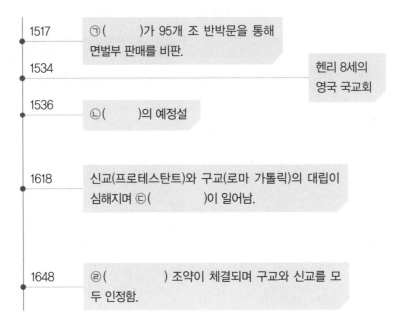

1517 ㉠ (   )가 95개 조 반박문을 통해 면벌부 판매를 비판.

1534 헨리 8세의 영국 국교교회

1536 ㉡ (   )의 예정설

1618 신교(프로테스탄트)와 구교(로마 가톨릭)의 대립이 심해지며 ㉢ (   )이 일어남.

1648 ㉣ (   ) 조약이 체결되며 구교와 신교를 모두 인정함.

1. 다음 단어를 활용하여 서로마 제국의 멸망 과정을 서술해 보자.

> • 훈족   • 게르만족   • 오도아케르

2. 카롤루스 대제와 오토 대제의 공통점을 두 가지 서술해 보자.

3. 다음 단어를 활용하여 중세 유럽 봉건제의 특징을 서술해 보자.

> • 주군   • 봉신   • 봉토   • 장원

4. 장원에서 다음 그림 속 농노의 삶
이 어떠했는지 서술해 보자.

5. 11세기 말 교황 우르바누스 2세가 십자군 전쟁을 시작한 이유를 두 가지 이상 서
술해 보자.

6. 다음을 참고하여 키예프 공국이 비잔티움 제국과 활발히 교류한 증거를 설명해
보자.

ЁЂЃЄЅІЇЈЉЊЋ

▲ 키릴 문자　　　　　　　　　▲ 성바실리 대성당

7. 십자군 전쟁의 결과 유럽 사회에 어떤 변화가 일어났는지 각각 서술해 보자.

- 교황은

- 봉건 영주와 기사들은

- 이탈리아 남부 도시들은

8. 르네상스가 이탈리아를 중심으로 발생한 까닭을 두 가지 이상 서술해 보자.

9. 활판 인쇄술의 발달이 종교 개혁에 어떤 영향을 미쳤는지 다음 그림을 참고하여 서술해 보자.

마틴 루터의 95개 조 반박문

[01~03] 〈보기〉를 참고하여 제시된 단어가 답이 되도록 문제를 만들어 보자.

---| 보기 |---

마그나 카르타

문제: 영국의 귀족들이 왕의 권한을 제한하고 국민의 자유와 권리를 보호하기 위
해 왕에게 강요하여 받은 법률 문서는?

01. 카노사의 굴욕

문제:

02. 쌍무적 계약

문제:

03. 한자 동맹

문제:

04. 프랑크 왕국에 대한 설명으로 옳지 <u>않은</u> 것은?

① 로마의 문화 대신 자신들의 독특한 문화를 바탕으로 건국했다.

② 클로비스가 세운 나라로 갈리아 지방에 세워졌다.

③ 로마 교황의 지지를 받아 서로마 제국을 잇는 나라가 되었다.

④ 이후 베르됭 조약에 따라 동·중·서프랑크로 분열되었다.

⑤ 게르만-크리스트교-로마 문화가 융합하여 서유럽 문화의 뼈대를 이루었다.

05. 다음을 알맞게 연결하시오.

로마네스크
양식　·

반원형 아치,
두꺼운 기둥　·

성소피아 성당

고딕 양식　·

원형 돔,
모자이크　·

피사 대성당

비잔티움
양식　·

첨탑, 스테인드
글라스　·

쾰른 성당

06. 유럽의 봉건제에 대한 설명으로 옳지 <u>않은</u> 것은?

① 봉토를 매개로 주군과 봉신의 관계가 성립한다.

② 영주는 조세 및 재판의 권한이 있었다.

③ 주군과 봉신의 관계가 대부분 혈연관계이다.

④ 생산과 소비를 스스로 해결하는 자급자족 경제였다.

⑤ 농노는 사유재산은 허용되었으나 이사는 할 수 없었다.

07. 다음 ㉠~㉢에 대한 설명으로 옳지 <u>않은</u> 것은?

> 5세기 후반에 멸망한 서로마와 달리 동로마 제국은 그 후로도 지속하였다. 수도인 ㉠이곳의 옛 이름을 따 비잔티움 제국이라고도 불린 이 나라에서는 서유럽과 다른 크리스트교인 ㉡이 종파가 국교였다. 서유럽에서 봉건제가 정착된 것과 달리 ㉢이 정치 체제가 이루어지고 있었고 ㉣6세기 초에는 옛 로마 제국의 영토를 대부분 되찾을 만큼 전성기를 맞았다. 이곳의 문화는 이후 ㉤동유럽으로 확산하여 오늘날 동유럽 문화의 뼈대를 이루게 되었다.

① ㉠은 콘스탄티노폴리스이다.

② ㉡은 그리스 정교로, 황제가 교회까지 지배했었다.

③ ㉢은 황제에게 권력이 집중되는 중앙 집권 체제를 말한다.

④ ㉣ 시기는 『유스티니아누스 법전』을 편찬했던 때를 말한다.

⑤ ㉤에는 성상을 통해 신앙을 배우는 성상 숭배 문화가 남아 있다.

08. 십자군 전쟁의 결과로 알맞은 것은?

① 신에 대한 믿음이 커지며 교황의 권위가 강해졌다.

② 전쟁을 피하려는 사람들이 몰려들어 장원의 규모가 커졌다.

③ 약 10년 동안 계속된 전쟁으로 왕의 힘이 약해졌다.

④ 셀주크 튀르크를 물리치면서 크리스트교가 발달했다.

⑤ 흑사병이 돌면서 농노의 지위가 향상되었다.

09. 다음 사건들을 일어난 순서대로 배열하시오.

> • 장미 전쟁   • 십자군 전쟁   • 백년 전쟁   • 카노사의 굴욕

10. 아래 사건과 관련해 옳은 설명을 하고 있는 사람은?

> 14세기에 등장한 르네상스는 인간 중심의 그리스·로마 문화로의 회귀를 주장하는 문예 부흥 운동을 말한다.

① 현서: 경제적으로 부유했던 로마를 중심으로 시작되었다고 해.

② 정민: 고대 로마 문화를 연구하던 학자들이 비잔티움 제국으로 몰려가는 결과를 낳았지.

③ 다인: 당시 교황을 중심으로 한 교회의 타락이 큰 영향을 끼쳤어.

④ 문정: 면벌부를 판매하는 교회를 비판하는 루터의 성명이 직접적인 계기가 되었잖아.

⑤ 서연: 이탈리아에서만 볼 수 있는 독특한 문예 운동이었어.

11. 다음 중 르네상스 시대의 작품이 <u>아닌</u> 것은?

① 세르반테스 - 돈키호테   ② 에라스뮈스 - 국부론

③ 단테 - 신곡   ④ 미켈란젤로 - 피에타

⑤ 보카치오-데카메론

12. 다음 중 종교 개혁에 대한 설명으로 옳지 <u>않은</u> 것은?

① 독일의 마르틴 루터가 교회의 타락을 고발한 95개 조의 반박문을 내걸면서 시작되었다.

② 스위스의 칼뱅은 인간의 어떠한 노력도 신의 선택을 바꿀 수 없다는 예정설을 주장했다.

③ 칼뱅의 주장은 특히 상공업에 종사하는 도시 시민들에게 큰 호응을 얻었다.

④ 교황청에서도 교회 내 문제를 개선하려는 노력을 기울였다.

⑤ '30년 전쟁' 끝에 개인이 종교를 선택할 수 있는 자유가 사라졌다.

지역 세계의
교류와 변화

: 세계, 변화의 소용돌이 속으로!

책을 읽기 전에

🌐 **다음 용어와 뜻을 연결하며 역사 관련 용어를 익혀 보자.**

① 문치주의　•

② 정복 왕조　•

③ 제국　•

④ 제패　•

⑤ 흥망　•

• 어떤 분야에서 우두머리나 으뜸의 자리를 차지해서 누리는 권리와 힘을 차지함.

• 황제가 다스리는 국가

• 한족이 아니면서 중국의 일부 또는 전부를 정복하고 지배하였던 왕조

• 잘되어 일어남과 잘못되어 없어짐.

• 무관보다 문관을 우대하는 정책

책을 읽으며

1. 10세기부터 14세기 중반까지 중국 역사에 대한 내용을 읽으며 중요하다고 생각하는 내용에 밑줄 쳐 보자.

2. 부분별로 읽은 내용을 생각하며 빈칸을 채워 보자.

Ⓑ 문인만 우대하면 어떤 일이 벌어질까?: 송의 흥망과 북방 민족의 성장

1) 10세기 초 당 멸망 이후 5대 10국의 분열을 끝내고 중국을 다시 통일한 (
　　　)은 개봉에 수도를 두고 (　　)을 건국했다

2) 황제의 권력을 강화하고 관료를 우대하는 (　　　　　　)를 도입하자 군사력이
크게 약해졌다. 거란의 침입과 서하의 위협 등으로 나라가 혼란스러워지자 왕안석
이 (　　　　　　)을 시행했지만 실패했다.

3) 12세기 초, 여진족이 세운 금의 공격에 수도를 남쪽으로 옮겼다. 이후 남송은 13
세기 후반 (　　　)의 공격에 멸망했다.

4) 당 멸망 후 5대 10국의 혼란기에 주변의 유목 민족이 세력을 키워, 거란 부족의
(　　), 탕구트족의 서하, 여진족의 (　　)이 세워졌다.

5) 송, 요, 금 세 나라 중 (　　)나라와 송이 연합해 요를 멸망시키고, 다시 금이 송을
공격했다. 이때 남쪽으로 내려간 (　　　)은 원에 무너졌다.

Ⓑ 세계에서 가장 오래된 지폐는 무엇일까?: 송의 경제와 문화의 발달

1) 송나라 때부터 중국 남부에서 (　　　　　)이 시작되어 강남 지방은 곡물 생산의
중심지가 되었다. 농산물을 거래하는 시장도 생기고 화폐도 많이 사용하고 '교자'
라는 (　　　)도 처음 사용되었다.

2) 정부의 관리하에 (　　　　　　　) 무역이 활발하게 이루어져 수도 항저우는
(　　　　　　) 도시로 성장했다.

3) 경제적으로 여유가 생긴 (　　　)들이 문화를 즐기기 시작했다. 인형극이나 곡예,
만담 같은 공연이 열렸으며 (　　　)이나 수필도 유행했다.

4) 송대에 새로 떠오른 지배층은 (   )을 공부하는 사대부였다. 이들은 유교적 지식을 갖추었으며 (   ) 시험을 통해 관리가 되었다.

5) 오늘날 중국의 4대 발명품 중 (   ), (   ), (   )은 송대에 등장하였다.

⊞ 칭기즈 칸이 중국을 정복하지 않은 까닭은?: 몽골의 세계 제국 건설 및 원 건국

1) 13세기 초 (   )이 몽골 부족을 통일해 제국을 건설했다. '가장 위대한 칸'인 (   )에 오른 테무친은 금을 치고, (   )아시아로 진군했다. (   ) 국가인 호라즘 왕국을 정복한 후 (   ) 남부로 진격했다. 오늘날 (   )과 북인도까지 점령하고 서하까지 멸망시켰다.

2) 몽골 제국의 2대 칸에 오른 오고타이는 (   )을 멸망시켰고, 바투가 이끈 몽골 군대는 (   )를 정복했다. 훌라구의 군대는 바그다드를 점령해 아바스 왕조를 멸망시키고 그 땅에 일한국을 세웠다.

3) 5대 칸이 된 쿠빌라이는 수도를 대도(베이징)로 옮기고 (   )으로 나라 이름을 바꾸었다. 원은 (   )을 멸망시키고 중국 전체를 차지했다.

4) 몽골 제국은 동쪽의 (   )에서 서쪽의 동유럽 (   )와 헝가리 국경까지 지배하며 원과 일한국, 킵차크한국, 차가타이한국, 오고타이한국으로 구성된 세계 최대 제국을 건설했다.

5) 몽골 부대는 (   )제에 따라 신속하게 움직였다. 두세 마리의 말을 한꺼번에 끌고 다니는 몽골 병사는 (   )도 뛰어났으며, 고삐를 잡지 않고 말을 탈 수 있어 몸을 돌려 (   )을 쏠 수 있었다.

ⓑ 원은 왜 100여 년 만에 멸망했을까?: 동서 교류의 확대와 개방적인 원의 문화

1) 몽골은 육상은 물론 해상의 동서 (   )를 모두 장악했다. 덕분에 항저우를
   비롯해 취안저우, 광저우 등을 국제 (   )으로 발전시켰다.

2) 송대의 발명품이 (   )을 거쳐 (   )으로 전해졌다. 이슬람 세계의 천문
   학, 역법, 의학, 수학은 중국으로 수입됐다. 전 세계의 다양한 (   )들도 중국에
   유입되는 등 전 세계의 문화가 서로 어울려 원의 문화는 상당히 (   )이고,
   국제적이었다.

3) 원대에는 노래와 연극을 합친 (   )이 서민들 사이에 큰 인기를 끌었다. 『수호
   지』, 『서유기』, 『삼국지연의』 같은 소설들의 원형이 이때 만들어졌다.

4) 원은 자신들이 지배한 민족을 심하게 차별하며 (   )주의를 내세웠
   다. (   )가 죽자 왕권 다툼까지 심해졌고, 14세기 중반부터 농민 반란
   이 곳곳에서 일어났다.

**3. 10세기부터 14세기 중반까지 중국 역사에 등장하는 대표적인 나라들을 떠올리
   며 각 나라에 대한 내용을 정리해 보자.**

🌐 8장 내용을 한눈에 정리해 보자.

🅑 송, 원의 발전과 동서 교류 확대

1. 송을 공격했던 북방 민족들에 대해 다음 표를 채우며 알아보자.

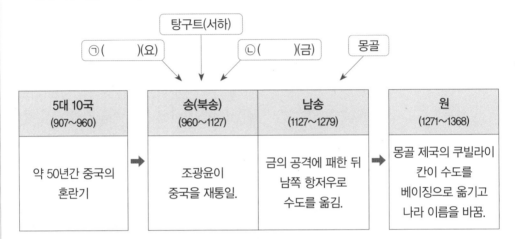

5대 10국 (907~960)	송(북송) (960~1127)	남송 (1127~1279)	원 (1271~1368)
약 50년간 중국의 혼란기	조광윤이 중국을 재통일.	금의 공격에 패한 뒤 남쪽 항저우로 수도를 옮김.	몽골 제국의 쿠빌라이 칸이 수도를 베이징으로 옮기고 나라 이름을 바꿈.

2. 빈칸을 채우며 송의 정치와 문화에 대해 정리해 보자.

송 태조(조광윤)의 왕권 강화 정책

① 군대를 황제 직속으로 둠.

② 공신들을 지방으로 보냄.

③ 과거를 통해 뽑은 문관 우대.

　→ 문치주의의 부작용으로 ㉠(　　　　　　　　　　).

왕안석의 신법 개혁

① 자영농과 소상인 보호.

② 농민이 병사가 되어 치안 유지.

　→ ㉡(　　　　　　　　)로 인해 실패로 돌아감.

송의 경제와 문화

① 남부 지역 ⓒ(   )으로 인한 <u>농업 생산량 및 인구 증가</u>.

② 상업 발달, 화폐 사용 증가.

③ 항저우, 취안저우 등 무역항을 중심으로 <u>해상무역</u> 발달. 시박사를 두어 관리.

④ 공연, 소설, 수필 등 ⓔ(   ) 발달.

⑤ 성리학이 발전하며 <u>사대부 문화</u> 발달.

⑥ <u>과학 기술</u> 발달. 4대 발명품인 제지술, 화약, 나침반, 활판 인쇄술.

3. 몽골 제국의 성립과 원의 흥망성쇠를 정리해 보자.

북방 민족의 성장	요와 금: 중국의 한족은 한족의 방식(군현제)으로 통치하고, 자신의 부족은 부족제로 통치. 자국의 문화를 중요하게 여김.		
	몽골: 몽골 제일주의로 이민족을 통치함. 몽골인과 색목인(외국인)이 지배층, 한인과 남인은 피지배층으로 차별을 받음.	**몽골인** (1.5%)	➡ 주요 관직 독점
		색목인 (서역인) (1.5%)	➡ 위구르 · 페르시아 인 등 원의 지배하에 있었던 서역인 관료로서 주로 재정 담당
	• 1대 ㉠( ): 중앙아시아 호라즘 왕국 정복. 러시아 남부, 이란, 북인도 점령. 서하를 멸망시킴.	**한 인** (14%)	➡ 여진족 · 거란족 고려인 등
	• 2대 오고타이 칸: 금을 멸망시킴. 러시아, 폴란드, 헝가리 정복. 아바스 왕조를 멸망시킴. • 5대 ㉡( ): 원으로 나라 이름을 바꿈. ㉢( )을 멸망시킴.	**남 인** (83%)	➡ 남송 치하에 있던 한인

☐ 지배 계급
▨ 피지배 계급

원의 경제와 문화	• ㉣( ) 제도 발달로 동서 교류가 활발히 이루어짐. • 해외 종교와 학문 유입. 송의 발명품이 서양에 전해짐. • 마르코 폴로의 『㉤( )』이 서양에 전해짐. • 송에 이어 잡극과 소설(수호지, 서유기, 삼국지연의) 등 서민 문화 발달.
원의 멸망	• 지배층의 권력 다툼, 지나친 차별 정책으로 인한 피지배층의 반란으로 100년 만에 멸망.

그 당시 한반도는?

중국의 북방 민족 중 하나였던 거란(요)에 의해 발해가 멸망하였다. 고려 때에도 잦은 북방 민족의 침입을 받았으며, 원의 간섭을 받아 '정동행성'이 설치되기도 하였다.

역사 논술

1. 송의 문치주의의 특징과 그 한계를 서술해 보자.

2. 다음 그림에 나타난 것처럼 남송 시기에 경제가 발달했던 원인을 다음 단어를 사용하여 설명해 보자.

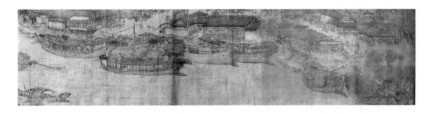

> • 이모작　　• 쌀 생산량　　• 시장　　• 화폐

3. 〈보기〉의 당 문화와 대비되는 송 문화의 특징을 서술해 보자.

┤보기├

　당은 귀족 문화가 발달하였다. 수 때 만든 대운하 덕분에 남쪽의 풍부한 물자가 수도 장안으로 전해져 귀족들은 부족할 것 없이 화려한 문화를 즐길 수 있었다. 귀족들은 시를 즐겼고, 수묵 산수화와 글씨가 발달하였다.

4. 몽골이 거대한 제국을 세울 수 있었던 이유를 다음 단어를 사용하여 서술해 보자.

> • 천호제   • 기동력

5. 지도를 보며 원과 다른 네 한국은 어떤 관계에 있었는지 서술해 보자.

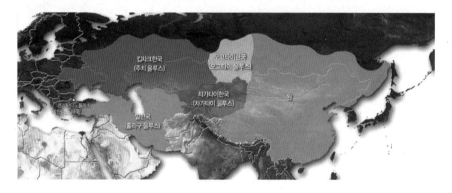

01. 다음 설명이 맞으면 O표, 틀리면 X표를 한 후 틀린 부분을 찾아 바르게 고
치시오.

1) 송은 절도사들이 난을 일으켜 멸망했다. (   )

2) 아율아보기는 거란족을 통일하며 요를 건국했다. (   )

3) 원은 다른 나라와의 교역을 금지해 경제와 문화가 발달하지 못했다. (   )

02. 다음 중 송나라에 대한 설명으로 옳은 것은?

───── 보기 ─────

ㄱ. 농업을 장려하고 상업을 억제하였다.

ㄴ. 해상무역을 관리하기 위해 시박사를 두었다.

ㄷ. 은의 유입이 많아지자, 세금을 은으로 거두었다.

ㄹ. 지배계층은 사대부로 성리학을 공부한 사람들이었다.

ㅁ. 문치주의를 내세워 군사력이 약한 탓에 금의 침입으로 멸망하였다.

① ㄱ, ㄷ   ② ㄷ, ㄹ   ③ ㄴ, ㅁ   ④ ㄹ, ㅁ   ⑤ ㄴ, ㄹ

03. 아래 학생 중 북방 이민족들이 세운 나라에 대해 <u>잘못</u> 정리한 사람은?

① 은수: 아율아보기는 거란족을 통합하여 요나라를 세우고 송과 고려를 위협했군.

② 현우: 탕구트족이 세운 서하는 송나라를 침입하여 많은 공물을 얻어냈구나.

③ 민성: 테무친은 몽골족을 통합하자마자 원나라를 세운 후 남송을 멸망시켰군.

④ 현호: 아골타가 세운 금나라는 송나라를 위협하는 존재였어.

⑤ 동준: 누르하치는 여진족을 통일하긴 했지만 청나라를 세운 건 그의 아들이구나.

04. 지도의 나라에 대한 설명으로 옳지 <u>않은</u> 것은?

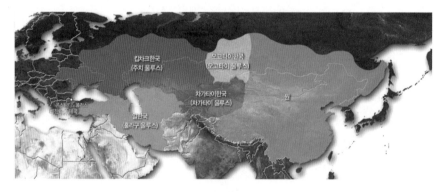

① 몽골 제일주의로 한족에 대한 차별이 심했다.

② 넓은 영토를 효율적으로 통치하기 위해 역참을 설치했다.

③ 서민문화가 발전하여 잡극, 소설 등이 유행했다.

④ 넓은 영토를 다스리기 위해 민족평등정책을 펼쳤다.

⑤ 성리학에 대한 연구는 활발하지 않았다.

동아시아 지역 질서의 변화

📖 또다시 중국을 장악한 유목 민족

책을 읽기 전에

🌐 앞에서 읽은 내용을 바탕으로 다음 질문에 답하며 9장 내용을 예측해 보자.

1) 중국 역사에 등장했던 유목 민족은 누구이며, 다시 중국을 장악할 유목 민족은 누구
   일지 생각해 보자.

2) 동아시아에 속하는 나라는 어디인지 생각해 보자.

3) 동아시아 지역에 어떤 변화가 일어날지 상상해 보자.

책을 읽으며

1. 14세기 중반부터 18세기 전후까지 동아시아 역사에 대한 내용을 읽으며 중요하
   다고 생각하는 내용에 밑줄 쳐 보자.

2. 부분별로 읽은 내용을 생각하며 빈칸을 채워 보자.

   🄑 명이 해외 개척을 중단한 이유: 남해 원정과 명의 흥망

   1) 홍건적을 이끈 주원장이 원을 멸망시키고 (   )을 세웠다. 홍무제(주원장)는
      (   )제를 폐지하고 모든 권력을 황제가 독차지했다.

   2) 홍무제는 향촌까지 (   )가 미치게 하는 이갑제를 실시하고, 백성을 가르치기
      위해 육우를 반포하는 등 (   )족의 풍습을 없애고 유교를 바탕으로 하는 (   )
      족의 문화를 되살리려고 했다.

3) (   ) 시절 수도를 베이징으로 옮긴 다음, 몽골을 공격하고 베트남을 정복하는 등 (   ) 정책을 추진했다. 명의 국력을 과시하기 위해 (   )의 함대를 동남아시아를 지나 아프리카 동부까지 파견해 조공 관계를 맺었다.

4) 영락제가 죽자 해외 무역을 제한하는 (   ) 정책이 실시되었다. 이후 지배층의 권력 다툼과 임진왜란이 터진 (   )에 군대 파견으로 국가 재정이 나빠졌다. 17세기 중반 이자성이 이끈 (   )에게 멸망했다.

🅱 관료 월급을 은으로 준 이유는?: 명의 대외 교류와 경제 · 문화

1) 명대에는 농업이 크게 발전해 창장강 중류와 상류 지방은 전국 최고의 (   ) 중심지가 되었다. 고구마, 담배 등 (   )을 새로 재배했다. 비단, (   ), 도자기를 생산하고 상품 (   )가 활발해지며 대상인도 등장했다.

2) 16세기 후반 (   ) 정책을 완화하고 일부 항구를 개항하자 서양 상인들이 몰려와 도자기, 비단, 차 등을 사가며 대금을 (   )으로 결제했다.

3) 크리스트교를 전파하기 위해 들어오는 예수회 (   )들을 통해 서양의 (   ) 만드는 법, (   ), 지리, 역법 같은 과학 기술이나 학문이 이때 중국에 전해졌다.

4) 개인의 깨달음과 실천이 더 중요하다는 (   )이 발달했다. 서민 문화 발달은 계속되었고, (   )라는 새로운 지배층이 등장해 명나라 건국 후 중앙 정계로 진출하거나 지방에 남아 향촌을 지배했다.

🅱 오늘날의 중국 영토는 언제 확정됐을까?: 청의 건국과 발전

1) 누르하치가 만주에 흩어져 살던 (   )족을 통일하고 금의 영광을 잇겠다는 뜻으로 (   )을 세웠다. 2대 태종 홍타이지는 몽골 정복 후 나라 이름

을 (   )으로 바꾸고, 조선을 침략해 병자호란을 일으켰다. 명이 멸망한 틈을 타서
(   )을 차지하며 청의 시대를 열었다.

2) 청은 정복 왕조였지만 (   )의 문화를 존중하고 한족을 관리로 등용했다. 하지
만 한족에게 (   )을 강요하거나 청을 비판하는 책은 모조리 압수하고 출판하
지 못하도록 하며 회유 정책과 (   ) 정책을 섞어 썼다.

3) 강희제는 인두세를 토지세에 합쳐 내게 하는 (   ) 제도를 도입하는 한
편, (   ) 와 네르친스크 조약을 맺어 국경을 확정하고 대만을 정복하기
도 했다. 옹정제는 군기처라는 기구를 설치해 (   )의 권력을 강화했다.
(   )는 정복 전쟁을 통해 몽골, 만주, 티베트로 영토를 넓혔다.

Ⓑ 청이 공행 제도를 도입한 까닭은?: 청의 대외 교류와 경제·문화

1) 청도 (   ) 정책을 실시했으나, 서양 상인들의 개항 요구에 4개 항구를 개방했
다 부작용이 생기자 선교사를 모두 추방하고 (   )를 뺀 모든 항구를 닫았
다. 외국과 교역은 정부의 허가를 받은 (   )에게만 허용했다.

2) 영토가 넓어지고 경제가 발달하면서 (   ) 문화도 발달했다. 노래와 춤, 연기
를 종합한 (   )이 성행했다. 실제 입증할 수 있어야 학문이라 여기는 (   )
학이 발달했다.

Ⓑ 일본이 임진왜란을 일으킨 까닭은?: 일본, 무사 정권 시대 성립

1) 10세기 초 한반도에서는 왕건이 (   )를 세워 후백제와 신라를 꺾고 한반도를
다시 통일했다. 14세기 말 (   )가 등장해 신진사대부와 함께 고려를 무너
뜨리고 (   )을 건국했다.

2) 일본에서는 12세기 말 미나모토노 요리토모라는 무사가 권력을 장악하며
( )이 되었다. 쇼군이 각 지방의 영주와 무사들을 지배하며 일본만의
( )제가 갖추어졌다.

3) 미나모토노 요리토모의 ( ) 막부는 원과 고려 연합군을 막느라 국가
재정을 다 쓴 탓에 반란이 일어나 무너졌다. 새로운 쇼군의 ( ) 막부
가 시작되어 명과 조공 관계를 맺고 조선과도 자주 교류했다.

4) 15세기 이후 일본은 영토 다툼과 쇼군의 후계자 자리를 놓고 전쟁이 벌어지는
( ) 시대가 100년 넘게 계속되었다.

5) 16세기 말 ( )가 일본을 통일하고 전국 시대를 끝냈
다. 그는 지배를 받아들이지 않으려는 무사들의 불만을 밖에서 터뜨리게 하려고
( )을 일으켰다.

6) 임진왜란은 ( )이 패했다. 전쟁 이후 명은 멸망하고 여진족이 후금을 건국했
다. 조선에서는 청과 명 사이에서 ( ) 외교를 펼치던 광해군이 왕위에서 쫓
겨났다.

ⓑ 일본이 네덜란드에만 항구를 개방한 까닭은?: 에도 막부의 성립과 발전

1) 임진왜란에서 패하고 혼란스러운 틈에 도쿠가와 이에야스가 도요토미 히데요시
정권을 무너뜨리고 ( ) 막부를 열었다. ( ) 봉건 체제와 지
방의 다이묘를 통제하기 위한 ( ) 제도를 시행하였다.

2) 최후의 ( )인 에도 시대에는 농업이 크게 발달해 농업 생산량이 늘
어나고 덩달아 상업, 수공업, 광업이 발전했다.

3) 경제력이 좋아지니 상인들을 비롯한 서민 문화인 (   ) 문화가 발전했다. 채색 판화인 우키요에, 일본의 전통 연극인 가부키를 즐기고, 일본의 고유문화를 되살리자는 (   ) 운동이 일어났다.

4) 에도 막부 초기에는 중국처럼 해금 정책을 시행했지만 서양 국가 중 종교나 정치와 상관없이 무역에만 전념한 (   )와는 우호적인 관계를 이어 나갔다. 네덜란드로부터 받아들인 학문과 기술을 '(   )'이라고 했다.

3. 9장 도입부에서 제시된 활동이나 질문에 답하며 내용을 정리해 보자.

🌏 9장 내용을 한눈에 정리해 보자.

🅑 명과 청의 성립

1. 빈칸을 채우며 명과 청의 흥망성쇠를 정리해 보자.

명 태조 홍무제(주원장)의 왕권 강화 정책

① 재상 제도를 폐지하여 권력을 모두 황제에게 집중함.

② 이갑제를 통해 지방 장악.

③ 백성들을 위한 여섯 가지 가르침, 육유를 반포.

　→ 몽골족의 풍습을 없애고 ㉠(　　)의 문화를 되살리려 함.

영락제의 해외 개척

① 베이징에 세계 최대 규모의 궁궐 ㉡(　　　)을 세움.

② ㉢(　　)의 해외 원정.

　→ 영락제 이후 남해 원정이 중단되고 ㉣(　　) 정책 실시.

명의 멸망

① 지배층의 권력 다툼과 외적의 침입

② ㉤(　　　　) 때 조선에 군대를 파견하느라 국력이 쇠함.

③ 이자성의 난으로 멸망.

청의 건국

① 태조 누르하치가 후금 건국.

② 태종 홍타이지가 국호를 청으로 바꾸고 ㉥(　　　)으로 천도.

청의 발전

① 몽골, 만주, 티베트로 영토를 넓힘.

② 한족에 대한 회유 정책과 강압 정책을 섞어 씀.

③ 강희제, 옹정제, 건륭제 시기에 전성기를 누림.

2. 빈칸을 채우며 명과 청을 비교하는 표를 완성해 보자.

	명 (1368~1644)	청 (1616~1912)
경제	• 해금 정책을 실시하고 농업을 장려하였으나, 상업과 수공업이 점차 발달하고 외국과의 교류가 증가함. 대량의 은이 유입됨.	
	• 시박사를 두어 무역 관리. • 조세: 이갑제 → 일조편법	• 해관을 설치해 무역 관리. • 조세: ㉠(　　　) 제도
사회	• 사대부의 후예인 ㉡(　　　)들이 사회를 주도함.	
문화	• 경전 연구보다 개인의 깨달음과 실천을 강조하는 ㉢(　　　) 발달.	• 실제 입증을 중요시하는 ㉣(　　　) 발달.
	• 상공업 발달로 서민들의 수준이 향상되고 서민 문화가 발달함. • 크리스트교 선교사들에 의해 서양 문물이 유입됨.	

그 당시 한반도는?

임진왜란 이후 조선의 광해군은 명과 청 사이에서 중립 외교를 펼쳤으나 왕위에서 쫓겨났고, 이후 병자호란을 겪게 된다. 이후 조선과 일본 모두 자국 중심의 중화주의 사상이 등장하였다.

3. 일본의 막부가 어떤 변화를 겪으며 발전해 왔는지 정리해 보자.

가마쿠라 막부 (1192~1333)	• 무사 미나모토노 요리모토가 권력을 잡고, 왕보다 높은 권력을 지닌 ㉠(　　　)이 됨. • 각 지방의 영주와 무사들이 쇼군의 지배를 받는 일본 특유의 ㉡(　　　)를 구축함. • 원과 고려의 연합군을 막느라 국력이 쇠퇴.
무로마치 막부 (1338~1573)	• 명과의 조공 관계를 맺고, 조선과도 교류함. • 쇼군의 후계자 문제로 정치 혼란.
전국 시대 (1467~1590)	• 혼란했던 전국 시대를 ㉢(　　　　　　　)가 통일함. • 무사들의 불만을 밖으로 돌리기 위해 조선을 침략하여 임진왜란을 일으켰으나 실패로 돌아감.
㉣(　　　) 막부 (1603~1867)	• 전쟁의 패배로 인한 혼란을 틈타 도쿠가와 이에야스가 정권을 잡음. • 농업과 상업, 수공업, 광업 발달. • 서민 문화인 ㉤(　　) 문화 발달. • 18세기 후반 국학 운동 전개. • 네덜란드와 적극적으로 교류하며 난학 발달.

1. 명이 한족의 전통을 회복하기 위해 실시했던 정책을 설명해 보자.

2. 청이 실시했던 회유책과 강경책의 예를 한 가지씩 들어 보자.

- 회유책:

- 강경책:

3. 다음 지도를 참고하여 청의 강희제, 옹정제, 건륭제 때 있었던 일을 두 가지 이상 서술해 보자.

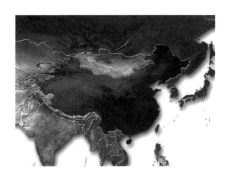

4. 전국 시대를 통일한 도요토미 히데요시가 임진왜란을 일으킨 까닭을 서술해 보자.

01. 다음 설명이 맞으면 O표, 틀리면 X표를 한 후 틀린 부분을 찾아 바르게 고 치시오.

1) 누르하치는 부족을 통일하고 중앙아시아로 진출해 영토를 넓혔다. (   )

2) 한족이 세운 명나라는 이자성이 이끄는 농민 반란군에 의해 멸망했다. (   )

3) 청은 만주족의 전통을 이어가기 위해 한족을 차별하고 만주족을 비판하는 책은 압 수하고 출판하지 못하도록 했다. (   )

02. 다음에 설명하는 신분이 지배계층으로 등장했던 나라에 대한 설명으로 옳은 것을 〈보기〉에서 고르면?

> 사대부의 후예로 지방에서 세력을 키웠다가 한족 왕조가 되살아나자 중앙 정계 로 진출하거나 지방에 남아 향촌의 실질적 지배 세력이 되었다.

─ 보기 ─
ㄱ. 학문은 실제 입증을 중요시하는 고증학이 발달했다.
ㄴ. 남해 원정을 실시하여 30여 개국으로부터 조공을 받았다.
ㄷ. 마테오 리치가 제작한 〈곤여만국전도〉로 중국 중심 세계관에 영향을 받았다.
ㄹ. 대중예술로 경극, 『홍루몽』 등이 인기를 얻었다.
ㅁ. 인두세를 토지세에 합친 지정은제가 실시되었다.

① ㄱ, ㄴ   ② ㄴ, ㄹ   ③ ㄴ, ㄷ   ④ ㄹ, ㅁ   ⑤ ㄱ, ㄷ

03. 다음 밑줄 친 부분의 설명 중 옳지 <u>않은</u> 것은?

청은 인구가 많아지자 ㉠인두세를 폐지하고 토지세만 거두면서 ㉡은으로 납부하던 것을 화폐로 내게 했다.

대외무역으로는 초기의 해금 정책을 바꾸어 ㉢해관을 통해 무역을 관리하며 활발한 교류를 이어갔다. 하지만 폐단이 많아지자 ㉣공행에게만 무역을 허가하고 광저우 항을 제외한 모든 항구를 폐쇄했다.

성리학이 발전하지 못한 대신 ㉤실제 입증을 중요시한 고증학이 발달하여 조선의 실학에도 영향을 미쳤다.

04. 다음에 표시된 시기에 일어난 사건이 <u>아닌</u> 것은?

헤이안 시대 - 가마쿠라 막부 - 무로마치 막부 - 전국시대 - 에도 막부

① 네덜란드와 우호적인 관계를 형성했다.
② 도요토미 히데요시가 조선을 침략했다.
③ 원과 고려 연합군이 일본 정벌에 나섰다.
④ 포르투갈 상인으로부터 조총을 들여왔다.
⑤ 쇼군을 중심으로 한 정치 체제였다.

책을 읽기 전에

🌐 다음 질문에 답하며 10장 내용을 예측해 보자.

1) 11세기 전후 등장하는 이슬람 왕조는 어느 지역에서 나타날지 생각해 보자.

2) 이슬람 국가인 오스만 제국이 유럽을 공략한 방법은 무엇일지 짐작해 보자.

3) 지금의 인도 지역에서 탄생한 무굴 제국은 어떤 특징이 있을지 짐작해 보자.

책을 읽으며

1. 11~17세기까지 서아시아와 북아프리카 지역의 역사에 대한 내용을 읽으며 중요
하다고 생각하는 내용에 밑줄 쳐 보자.

2. 부분별로 읽은 내용을 생각하며 빈칸을 채워 보자.

🅑 터키의 나라 이름은 민족 이름에서 따왔다?: 이슬람 세계의 변화

1) 11세기 초반 아바스 왕조에게서 독립한 (   )는 아바스 왕조
칼리프의 요청에 따라 (   )로 진격해 시아파 왕조를 몰아내고 아바스
왕조의 칼리프에게 '(   )' 칭호를 받았다.

2) 셀주크 튀르크는 여러 지역의 (   ) 문화를 융합하고 발전시켰다. 예루살
렘을 정복한 후 크리스트교도들의 (   )를 방해하는 등 유럽에 위협
적인 존재가 되었다.

3) 크리스트교 세력과 (   ) 전쟁을 치르면서 국력이 약해진 셀주크 튀르크는 13세기 (   ) 제국의 공격에 약해졌다.

4) 몽골 군대는 (   ) 왕조를 무너뜨리고 일한국을 세웠지만 제국이 분열하면서 약해져 (   ) 왕조의 공격으로 멸망했다.

5) (   ) 제국의 부활을 외치며 건국한 (   ) 왕조는 중앙아시아 대부분과 인도 서북 지방, 러시아 남부까지 차지하는 거대한 제국을 건설했다. 하지만 티무르가 세상을 떠난 후 내분으로 멸망했다.

6) 티무르 왕조는 이슬람 문화와 (   ) 문화, 중앙아시아의 (   ) 문화까지 다양한 문화가 융합했다. 수도인 사마르칸트는 (   ) 무역으로 큰 이익을 남겼다.

7) 페르시아의 부활을 외치며 (   ) 왕조가 건국되었다. (   )를 국교로 삼고 수니파의 중심지를 점령했지만 혼란 속에 18세기 초 멸망했다.

Ⓑ 오스만 병사들이 함대를 등에 지고 산을 넘은 까닭은?: 오스만 제국의 성립과 발전

1) 셀주크 튀르크의 힘이 약해졌을 때 (   )족이 소아시아에서 독립해 오스만 제국을 세워, 14세기 말 (   )반도의 여러 지역을 정복했다.

2) 오스만 제국은 유럽의 (   )교 세력이 반격하자 격파한 후 술탄 지위를 받았다. 티무르 왕조에게 패하는 등 주춤하다 유럽 정복에 나서 (   ) 제국을 멸망시켰다.

3) 오스만 제국이 이집트의 (   ) 왕조를 정복하고 칼리프 자리를 가져가 이때부터 오스만 제국의 술탄을 (   )라 불렀다.

4) 16세기 들어 술레이만 1세가 (   ) 왕국을 정복하고 이어 (   ) 연합 함
   대를 격퇴했다. 지중해, 홍해, 아라비아해 연안을 완전히 장악하자 서유럽 국가들
   은 (   ) 개척에 나설 수밖에 없었다.

5) 에스파냐 함대를 주축으로 한 (   ) 동맹이 (   ) 전투에서 오스만 제국
   함대를 무너뜨리자, 이후 오스만 제국의 세력은 급격히 기울었다.

Ⓑ 오스만 제국에서는 왜 커피가 유행했을까?: 오스만 제국의 경제와 문화 발전

1) 오스만 제국은 지중해 일대도 장악해 아시아와 아프리카, 유럽을 잇는 (
)이 발달했다. 수도인 (   )은 전 세계 상인들로 북적였다.

2) 오스만 제국은 튀르크와 (   ) 문화를 바탕으로 (   ) 문화, 페르
   시아 문화까지 모두 흡수했다. 이스탄불의 (   ) 성당도 파괴하지 않고
   네 개의 첨탑을 추가해 이슬람 사원으로 개조했다.

3) 정복 지역 백성들의 문화를 인정하는 (   ) 정책을 썼다. 다른 (   )를 믿는
   민족에 대해서는 자치 공동체를 허락했다.

4) 술탄의 친위 부대인 (   )를 창설해 (   )에서 온 소년들을 이슬람
   교로 개종시킨 뒤 5년 이상 군사 훈련을 시켜 정예 부대로 만들었다.

5) 15세기 초 오스만 제국에 (   ) 문화가 정착했다. 커피는 17세기 후반
   (   )에 전파되었다.

Ⓑ 마라타족이 무굴 제국과 내분을 벌인 까닭은?: 무굴 제국의 성립과 발전

1) 12세기 인도 서북부에 (   ) 왕국을 세운 구르 왕조의 왕실을 지키던
   (   )의 아이바크가 술탄에 올라 인도의 지배자가 되었다. 이후 5개 왕조가

있던 약 300년 동안을 (   ) 술탄 시대라고 한다.

2) 16세기 초 티무르의 후손 바부르가 델리 술탄 시대를 끝내고 (   ) 제국을 세웠다. (   ) 황제 시절 북인도 전체와 중앙아시아의 아프가니스탄에 이르는 거대한 영토를 확보했다.

3) 16세기 중반 (   ) 황제는 중앙 집권 체제를 확립하고 경제를 발전시켰다. 모든 종교를 아우르는 (   ) 정책을 펴 제국을 번성시켰다.

4) 힌두교도에게 걷는 인두세인 (   )를 폐지하는 등 아크바르의 포용 정책 덕분에 (   )와 이슬람교를 융합시킨 시크교가 등장했다.

5) 아우랑제브 황제는 이슬람 (   )를 추구하며 힌두교와 시크교를 탄압했다. 무굴 제국에 저항하는 반란이 일어나며 내란이 시작되었다. 이후 혼란을 극복하지 못한 채 (   )을 비롯한 유럽 국가들의 경제적 침략을 당하게 되었다.

Ⓑ 타지마할은 종교 융합의 상징: 무굴 제국의 문화와 경제 발전

1) 수입된 이슬람 문화와 토착 힌두(인도) 문화가 융합해 독창적인 (
) 문화가 발전했는데 대표적 건축물은 (   ) 궁전이다.

2) 종교 융합정책은 (   )라는 새로운 종교를 등장시켰고, 언어에서는 여러 공용어를 사용하게 했다. 미술에서는 (   ) 양식에 (   ) 양식이 결합한 무굴 회화가 발전했다. 하지만 이런 발전은 이슬람 정통주의를 외친 아우랑제브 시절 이후 쇠퇴했다.

3) 무굴 제국 전성기 때는 중국과 동남아시아, 아라비아와 지중해를 잇는 (
) 무역을 주도하면서 크게 번성했다. 유럽 사람들에게 인기를 끌었던 인도
(   ) 산업이 활기를 띠면서 벵골은 경제 중심지로 성장했다.

4) 17세기에 영국이 인도에 (   ) 회사를 세우자 프랑스와 네덜란드도 동인도
회사를 설립했다. (   ) 상인들이 무굴 제국의 경제를 뒤흔들자 무굴 제국의
경제는 악화하였다.

3. 10장에서 읽은 이슬람과 인도 역사에서 기억나는 내용을 떠올리며 정리해 보자.

한눈에 보기

🌐 10장 내용을 한눈에 정리해 보자.

Ⓑ 이슬람 세계의 변화

1. 빈칸을 채우며 아바스 왕조 이후 이슬람 세계가 어떻게 변화해 왔는지를 정리해 보자.

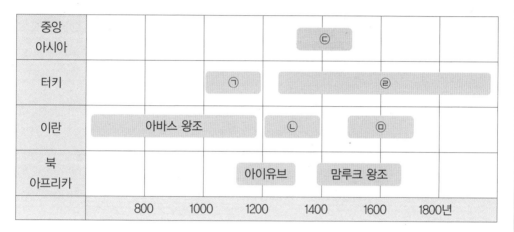

중앙 아시아					ⓒ		
터키			㉠			㉣	
이란	아바스 왕조			ⓛ		ⓜ	
북 아프리카			아이유브		맘루크 왕조		
	800	1000	1200	1400	1600	1800년	

- 11세기 중반 ㉠( )가 바그다드를 점령하고, 아바스 왕조의 칼리프로부터 술탄 칭호를 받음.
- 강경 정책으로 십자군 전쟁 발발.
- 십자군 전쟁이 일어난 후 국력이 약해져 13세기 중반 멸망.

- 칭기즈 칸의 손자 훌라구가 아바스 왕조를 멸망시키고 바그다드를 수도로 하여 ⓛ( )을 세움.
- 이슬람교 수용.
- 티무르 왕조에 멸망.

- 튀르크족이 아프리카까지 진출하여 맘루크 왕조를 세움.
- 아바스 왕조의 칼리프를 따름.
- 오스만 제국에 멸망.

- 차카타이한국의 장군이 ⓒ( ) 왕조를 세움.
- 강력한 정복 정책으로 영토 확장.
- 수도 사마르칸트를 중심으로 중계무역 발전.

- 셀주크 튀르크의 지배를 받던 오스만 튀르크가 터키 지역에 ㉣(　　　) 제국을 세움.
- 훗날 광대한 제국으로 성장함.

- 이란 혈통의 ㉤(　　　) 왕조가 세워짐.
- 시아파를 국교로 삼음.
- 수도는 바그다드.

⊞ 오스만 제국의 성립과 발전

2. 빈칸을 채우며 오스만 제국의 발전과 쇠퇴 과정을 정리해 보자.

이슬람의 정신적 지도자 = (　　　　)

이슬람의 정치적 지도자 = (　　　)

- 유럽 쪽으로 세력을 점차 확장하여 비잔티움 제국을 정복함. (1453)
- 콘스탄티노폴리스의 이름을 ㉠(　　　　)로 바꾸고 수도로 삼음.

- 16세기 ㉡(　　　　) 시절에 전성기.
- 헝가리를 정복함.
- 프레베자 해전에서 유럽 연합 함대를 격파.
- 지중해, 홍해, 아라비아해를 모두 장악.

- 맘루크 왕조를 멸망시킴. (1517)
- 술탄-칼리프제 확립. 이슬람 세계의 1인자가 됨.

- ㉢(　　　) 전투에서 유럽의 신성 동맹 함대에 패배. (1571)
- 내부 권력 다툼으로 기울기 시작함.

3. 〈보기〉의 용어와 관련이 있는 부분을 찾아 빈칸에 써 넣어 보자.

무역과 상업의 발달
• 전 세계의 물자가 이스탄불로 모여들면서 상업이 크게 발달함. – ㉠(　　　)

다양한 문화의 발달
• 다양한 민족을 통치하기 위해 관용 정책을 펼침. – ㉡(　　　), ㉢(　　　) • 튀르크와 이슬람 문화 등 다양한 문화를 융합. – ㉣(　　　) • 뛰어난 과학 기술과 커피 문화가 유럽으로 전파됨.

보기
밀레트　　　바자　　　성소피아 성당　　　지즈야

⑧ 인도 무굴 제국의 성립과 발전

4. 빈칸을 채우며 무굴 제국의 성립과 발전에 대해 정리해 보자.

델리 술탄 시대
• 굽타 왕조가 멸망한 8세기 이후 혼란기를 겪다가, 12세기에 첫 이슬람 왕국인 　구르 왕조 이후 약 300년간 델리 술탄 시대를 맞음.

무굴 제국

- 중앙아시아 티무르의 후손인 바부르가 이슬람 제국 건국.

- ㉠(   ) 황제(악바르 대제)

  ① 북인도 전체와 중앙아시아의 아프가니스탄에 이르는 거대한 영토를 확보.

  ② 중앙 집권 체제를 확립.

  ③ 상업 장려.

  ④ ㉡(   )를 폐지하고 모든 종교를 아우르는 관용 정책을 폄.

- 아우랑제브 황제

  ① 최대 영토 확보.

  ② 이슬람 정통주의를 추구하며, 지즈야를 부활시키고 힌두 사원을 파괴함.

- 무굴 제국의 문화- 독창적인 인도·이슬람 문화가 발달함.

  ① 건축: 타지마할(힌두 양식 + 이슬람 양식)

  ② 언어: ㉢(   )(힌두어 + 아랍어 + 페르시아어)

  ③ 종교: ㉣(   )(힌두교 + 이슬람교)

  ④ 회화: 무굴 회화(힌두 양식 + 페르시아 양식)

- 무굴 제국의 경제 - 면직물 산업이 발달했으나 서양 열강이 인도로 진출하면서
  쇠퇴하게 됨.

1. 셀주크 튀르크와 유럽 세력 사이에 십자군 전쟁이 일어난 이유를 서술해 보자.

2. 티무르 왕조의 수도 사마르칸트가 번영을 누릴 수 있었던 까닭을 서술해 보자.

3. 서유럽 국가들이 신항로 개척에 나서게 된 까닭을 술레이만 1세의 업적과 관련 지어 서술해 보자.

4. 오스만 제국이 펼친 관용 정책의 예를 들고, 그러한 정책을 펼친 까닭을 서술해 보자.

5. 다음 사진을 보고 오스만 제국의 문화
   적 특징을 서술해 보자.

성소피아 성당

6. 무굴 제국의 아크바르 황제와 아우랑제브 황제가 펼친 정책을 비교하여 서술해
   보자.

7. 무굴 제국의 인도 · 이슬람 문화를 대표하는 예를 한 가지 서술해 보자.

01. 다음의 문장이 옳은 설명이 되도록 괄호 안의 단어 중 옳은 것을 고르시오.

(1) (오스만 제국 / 셀주크 튀르크)은/는 비잔티움 제국을 멸망시켰다.

(2) 아바스 왕조를 무너뜨린 (일한국 / 티무르 왕조)은/는 수도를 바그다드에 두고 이
슬람 문화와 페르시아 문화를 융합시켰다.

(3) 페르시아의 옛 영광을 재현하려 한 (맘루크 / 사파비) 왕조는 이슬람교 시아파를
국교로 삼았다.

(4) 오스만 제국이 이집트의 맘루크 왕조를 정복하고 술탄-칼리프의 호칭을 갖게 된
것은 (셀림 1세 / 술레이만 1세) 때이다.

02. 아래에 설명하는 왕조에 대한 설명 중 옳지 <u>않은</u> 것은?

수도인 사마르칸트는 중앙아시아에 있는 오아시스 도시로, 비단길 등 주요 교역
로에 위치하고 있어 수많은 상인이 드나들었다.

① 일한국을 멸망시켰다.
② 차가타이한국의 장군이 세운 나라이다.
③ 오스만 제국과 치른 앙카라 전투에서 승리했다.
④ 명나라를 정벌하려 했으나 결국 이루지 못했다.
⑤ 이스파한과 바그다드를 점령하고 이민족 포용정책을 펼쳤다.

03. 다음 왕조와 관련 있는 것을 맞게 연결하시오.

(1) 일한국 •

(2) 맘루크 왕조 •

(3) 아이유브 왕조 •

(4) 셀주크 튀르크 •

• ① 살라딘이 파티마 왕조를 무너뜨리고 세운 왕조

• ② 비잔티움 제국을 공격하고 크리스트교도들의 성지 순례를 방해

• ③ 아바스 왕조를 무너뜨리고 바그다드에 세운 몽골 제국

• ④ 아프리카의 이슬람 수니파 왕조로 칼리프를 보호하고 있었음.

04. 다음 중 오스만 제국과 관련이 <u>없는</u> 것은?

① 바자   ② 레판토 해전

③ 커피하우스   ④ 성소피아 성당   ⑤ 천일야화

05. 다음 중 오스만 제국이 대제국으로 성장할 수 있었던 요인으로 볼 수 <u>없는</u> 것은?

① 지즈야 - 이교도들이 자신의 종교를 유지하기 위해 내야 했던 세금

② 예니체리-전쟁 포로나 유럽에서 건너온 소년들을 훈련시켜 만들었던 최정예부대

③ 커피-술 대신 마시면서 담소를 나누던 문화에서 유래

④ 프레베자전투-지중해, 홍해, 아라비아해 연안을 장악해 동서 무역 독점

⑤ 밀레트-이교도들의 자체 공동체 허용

06. 다음 중 프레베자 전투에서 승리하며 오스만 제국의 전성기를 이끌었던 왕의 업적으로 옳은 것은?

① 헝가리 왕국을 정복했다.

② 유럽 연합 함대인 신성동맹을 격퇴했다.

③ 비잔티움 제국을 멸망시켰다.

④ 콘스탄티노폴리스의 이름을 이스탄불로 고쳤다.

⑤ 술탄-칼리프 칭호를 얻은 최초의 왕이다.

07. 오른쪽 지도에서 굵은 선 안의 영토를 차지했던 시기의 일로 볼 수 <u>없는</u> 것은?

① 무굴제국 최대의 영토를 확장했던 시기이다.

② 지즈야를 폐지하고 모든 종교를 아우르는 관용 정책을 펼쳤다.

③ 데칸고원 이남까지 진출하여 마라타 왕국과 전투를 치렀다.

④ 벵골만의 면직물을 수입하기 위해 서양 세력이 회사를 설립했다.

⑤ 이슬람 정통주의를 추구하여 힌두 사원을 파괴하였다.

신항로 개척과 유럽 지역 질서의 변화

📖 유럽이 세계를 주도하기 시작하다

책을 읽기 전에

🌏 다음 용어와 뜻을 연결하며 11장과 관련된 용어를 익혀 보자.

① 신항로 •

• 군주가 법률이나 기관에 구속받지 않는 절대적 권한을 가지는 정치 체제

② 절대 왕정 •

• 국력을 증가시키려는 목적으로 정부가 자기나라의 경제를 보호하고 산업을 육성하는 정책

③ 중상주의 •

• 이성으로 세계를 보고, 인류의 진보를 위해 낡은 제도를 타파하며 사회를 개혁하자는 이념

④ 과학 혁명 •

• 선박이 지나다니는 해로로 새로 발견된 항로

⑤ 계몽사상 •

• 17세기 갈릴레이, 뉴턴 등을 통해 과학 분야에서 일어난 놀라운 변화와 업적

책을 읽으며

1. 15~18세기까지 혁명에 가까운 변화를 겪는 유럽 역사에 대한 내용을 읽으며 중요하다고 생각하는 내용에 밑줄 쳐 보자.

2. 부분별로 읽은 내용을 생각하며 빈칸을 채워 보자.

ⓑ 포르투갈 선박은 왜 아프리카를 빙 돌아서 인도에 갔을까?: 신항로 개척 시대 개막

1) 서유럽 상인들이 (　　　　) 무역에 관심을 가졌지만 오스만 제국이 (　　　　　)를 장악하고, 이탈리아와 이슬람 상인이 (　　　　　)를 장악하고 있어 새로운 항로 를 찾아 나서야 했다.

2) (　　　　　　　　)를 전파하고 아시아의 (　　　　)를 사들이겠다는 각국 정부의 의지가 더해져 신항로 개척 시대가 열렸다.

3) 15세기 말 (　　　　　　)의 바르톨로메우 디아스 함대가 아프리카 최남단 (　　　　　)에 도착하고, 10년 후 바스쿠 다가마의 함대는 (　　　)의 캘리컷에 도착하며 유럽~희망봉~인도로 이어지는 신항로 개척에 성공했다.

4) 이탈리아의 탐험가 콜럼버스가 에스파냐의 여왕 이사벨 1세의 지원을 받아 (　　　　　)을 가로질러 (　　　)로 가기 위한 항해에 나섰다. 콜럼버스가 도착한 곳은 (　　　　　) 대륙의 서인도 제도였다.

5) 16세기 (　　　　　)이 에스파냐 왕실의 지원을 받아 바닷길로 세계를 일주하여 지구가 둥글다는 사실을 입증하게 되었다.

ⓑ 가격 혁명과 상업 혁명은 왜 일어났나?: 신항로 개척이 바꾼 세계 역사

1) 신항로 개척의 영향으로 무역의 중심지가 지중해 주변에서 (　　　　) 연안 으로 이동했다. 아메리카의 금과 은이 대량 유럽으로 들어오자 상품 (　　　) 이 오르는 가격 혁명이 일어났다. 그 영향으로 상인들이 많은 돈을 벌어들이는 (　　　) 혁명이 일어났다. 그들의 자본이 성장하면서 유럽에서 근대 (　　　)의 토대가 마련되었다.

2) 신항로 개척으로 아메리카 문명이 완전히 파괴되었다. (　　　) 문명을 계승한 아
　　스테카 제국은 에스파냐의 하급 관리였던 코르테스에게 멸망했다. 안데스 고원에
　　있던 (　　　) 제국도 에스파냐의 피사로에 의해 멸망했다.

3) 신항로 개척으로 인해 아프리카의 흑인을 아메리카 대륙에 파는 (　　　) 무역이
　　본격화되고, 유럽-아프리카-아메리카를 연결하는 (　　　　　)이 발전했다.

4) 신항로 개척 덕분에 감자, 옥수수, 카카오, 담배 등이 유럽 세계로 전파되었다. 이
　　중 (　　　)와 (　　　　)는 유럽 사람들의 주식이 되었다.

5) 반대로 유럽 문화와 아프리카 문화가 수입돼 브라질의 (　　　　)과 같은 새로
　　운 문화가 등장하기도 했다.

ⓑ 관료제와 상비군이 도입된 까닭은?: 절대 왕정의 성립

1) 유럽에서 왕의 권력이 절대적인 정치 체제인 (　　　　　)이 등장했다. 경제적
　　으로는 자기 나라의 경제를 보호하고 산업을 육성하는 (　　　　　)가 나타났다.

2) 영국의 왕 제임스 1세는 (　　　　　　　)을 통해 왕은 신의 권력을 갖는
　　다고 선언했다. 절대 왕정 체제에서 전문적인 행정 능력을 가진 관료를 임명하는
　　(　　　　)와 바로 전투에 투입할 수 있는 (　　　　) 제도가 시행되었다.

3) 중상주의 덕분에 상공업에 종사하는 (　　　) 계층은 귀족의 눈치를 보지 않고 경
　　제 활동을 하며 성장해 (　　) 을 경제적으로 후원했다.

4) 유럽 국가들은 자기 나라의 기업들이 해외 (　　　)과 원료 공급지를 개척하기 위
　　해 치열하게 (　　　　) 쟁탈전을 벌였다.

Ⓑ 독일과 러시아에는 왜 시민 계급이 약했을까?: 서유럽과 동유럽의 절대 왕정

1) 가장 먼저 절대 왕정이 나타난 나라는 (   )로 펠리페 2세가 전성기를 이끌었지만, 네덜란드가 독립하고 (   ) 해군에 격퇴당하면서 해상권을 영국에 넘겨주어 바로 쇠퇴기가 되었다.

2) 에스파냐의 무적함대를 격파한 영국의 (   )는 (   )에 동인도 회사를 세우고 북아메리카에 식민지를 건설하도록 했다.

3) 프랑스의 절대 왕정은 17세기 (   ) 때 절정에 달했다. (   ) 궁전이 완공된 것도 이때였다.

4) 동유럽 국가의 왕들은 시민 대신 귀족과 힘을 합쳐 나라를 개혁해 절대 군주가 아니라 (   )라 불렸다.

5) 오늘날의 독일인 (   )의 왕 프리드리히 2세는 국민을 계몽하고 농민을 보호했으며 교육을 보급하고 국내 산업을 육성했다. (   )의 여왕 마리아 테레지아도 교육과 행정을 개혁하며 절대 왕정을 이끌었다. (   ) 의 표트르 대제는 서유럽으로 가서 첨단 기술을 배우고 서유럽을 닮으려 노력했다.

Ⓑ 만유인력 발견이 과학 혁명을 이끌다: 17~18세기 유럽의 과학과 문화

1) 17세기부터 신에 의지하지 않고 인간의 이성으로 철학을 탐구하자는 (   )이 나타났다. 경험주의를 강조한 영국의 (   )과 합리주의를 강조한 프랑스의 (   )가 근대 철학의 문을 열었다.

2) 영국 철학자 (   )의 사회 계약에 대한 사상은 (   )사상으로 발전했다. 계몽사상은 사람의 이성으로 세계를 바라보고, 인류의 진보를 위해 낡은 제도를 타파하며 사회를 개혁하자는 이념이었다.

3) 몽테스키외는 『법의 정신』에서 (   )을 입법, 사법, 행정으로 나누어
야 한다고 주장했으며, (   )는 『사회계약론』에서 "법 앞에서 모든 국민은 평
등하다."라고 주장했다.

4) 부국강병을 원하는 왕들의 과학에 대한 적극 지원은 (   )을 불렀다.
17세기 후반 뉴턴은 (   )의 법칙을 발견했다. 제너의 (   ), 린
네가 만든 식물학의 새로운 분류 체계 등 근대 과학을 앞당기는 업적이 세워졌다.

5) 음악, 미술, 건축 분야에서는 호화롭고 웅장한 (   ) 양식이 유행했다.
(   )와 헨델은 왕과 귀족들을 위한 궁정 음악을 주로 만들었지만, 18세기 후
반 모차르트와 베토벤은 (   ) 음악이라는 새로운 양식을 만들었다.

3. 15∼18세기 유럽 역사를 한 문장으로 설명해 보자.

한눈에 보기

🌐 **11장 내용을 한눈에 정리해 보자.**

⏏ 신항로 개척 시대

1. 빈칸을 채우며 신항로 개척의 배경과 과정, 그 결과를 정리해 보자.

배경
오스만 제국이 지중해를 차지하고 있었고, 이탈리아와 ㉠( ) 상인들이 교역로를 장악하고 있었기 때문에 아시아의 향료를 직접 사오기 위한 신항로 개척에 나섬.

과정: 포르투갈과 에스파냐가 주도.

① 포르투갈의 항로 개척: 아프리카 희망봉을 돌아 인도로 가는 항로 독점. 인도의 향료와 아프리카의 흑인 노예를 거래하며 큰 이익을 얻음.

② 콜럼버스의 대서양 횡단: ㉡( ) 왕실의 지원을 받은 콜럼버스가 아메리카 발견, 중남미 대륙을 식민지로 삼고 자원을 약탈함.

③ 영국의 북아메리카 상륙.

④ ㉢( )의 세계 일주 성공.

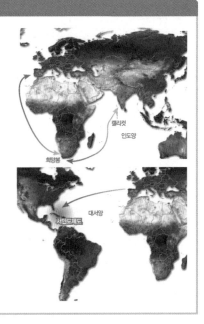

결과

① 무역의 중심지가 지중해 부근에서 ㉣( ) 연안으로 이동: 이탈리아와 오스만 제국이 쇠퇴하고, 에스파냐의 무적함대를 격파한 영국이 해상강국으로 떠오름.

② 가격 혁명과 상업 혁명: 아메리카 대륙에서 유입된 대량의 금과 은으로 물가 상승. 상인이 성장하고 지주귀족 몰락.

③ 아스테카 제국, ㉤( ) 제국이 멸망하고 아메리카 문명 파괴.

④ 노예 무역 본격화(삼각 무역).

⑤ 유럽 국가들이 본격적인 ㉥( ) 확보를 위한 경쟁에 돌입.

⑥ 감자, 옥수수, 카카오, 담배 등 아메리카의 작물 전파.

그 당시 한반도는?

임진왜란이 일어났던 16세기 이후, 중국과 일본을 통해 한반도에도 옥수수, 고추 등 아메리카 대륙의 작물이 유입되었다.

Ⓔ 절대 왕정

2. 절대 왕정의 기반이 되었던 두 가지 제도의 이름을 써넣고, 서유럽과 동유럽 각 나라의 절대 군주에 대해 정리해 보자.

㉠( )	절대 왕정	㉡( )
왕의 명령을 즉각 집행할 수 있게 한 제도.		왕이 언제든지 동원할 수 있는 군대.

* **왕권신수설**을 바탕으로 절대 복종을 주장.

* **중상주의** 정책을 펼침.

서유럽: 절대 군주	동유럽: 계몽 군주 → 절대 군주
(　　　　　) – 펠리페 2세	독일(프로이센) – 프리드리히 2세
• 무적함대를 통해 해상권 장악.	• 국민 계몽 • 상수시 궁전을 세움.
(　　　) – (　　　　　　) 1세	러시아 – (　　　　　) 대제
• 무적함대 격퇴. • 모직물 산업 육성. • 북아메리카 식민지 건설. • 동인도 회사 설립.	• 서유럽의 문화와 제도 수용. • 발트해 확보. • 상트페테르부르크 건설.
(　　　　　) – 루이 14세	오스트리아 – 마리아 테레지아
• 중상주의 도입. • 군대 강화. • 베르사유 궁전을 세움.	• 교육과 행정 개혁 • 병역 의무화

🔘 17~18세기 유럽의 문화

3. 빈칸을 채우며 17~18세기 유럽의 문화에 대해 정리해 보자.

• 근대 철학: 신에 의지하지 않고 인간의 이성으로 철학을 탐구함.(베이컨, 데카르트)

• ㉠(　　　　　)사상: 낡은 제도를 타파하고 사회를 개혁하자는 사상. (로크, 몽테스키외, 루소)

• 과학 혁명: 뉴턴의 ㉡(　　　　　)의 법칙 발견.

• ㉢(　　　　) 양식 유행: 웅장한 건축물, 바흐와 헨델의 음악.

1. 다음 지도를 참고하여 서유럽 국가들이 신항로 개척에 나선 까닭을 서술해 보자.

2. 대서양 삼각 무역이란 어떤 것인지 다음 그림을 바탕으로 설명해 보자.

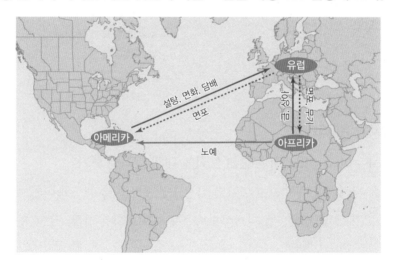

3. 왕권신수설이란 무엇인지 영국의 왕 제임스 1세의 말주머니를 완성해 보자.

> 왕의 권한은

제임스 1세

4. 절대 왕정의 기반이 되는 관료제와 상비군이란 무엇인지 설명해 보자.

- 관료제란

- 상비군이란

5. 서유럽의 절대 군주와 달리 동유럽에는 계몽 군주가 탄생한 배경을 서술해 보자.

01. 다음 ㉠, ㉡, ㉢에 들어갈 내용을 옳게 연결한 것은?

서유럽의 상인들이 큰 이익을 남기기 위해서는 동방 무역을 이어가야 했다. 하지만 (㉠)이/가 지중해를 차지한 데다 이슬람 상인들이 교역로를 장악하고 있었기 때문에 새로운 항로를 개척해야 했다. 포르투갈의 (㉡)은/는 아프리카의 희망봉에 이르는 항로를, (㉢)은/는 인도의 캘리컷에 다다르는 항로를 찾아냈다.

	㉠	㉡	㉢
①	비잔티움 제국	바르톨로뮤 디아스	마젤란
②	비잔티움 제국	콜럼버스	바스쿠 다 가마
③	비잔티움 제국	콜럼버스	마젤란
④	오스만 제국	바르톨로뮤 디아스	바스쿠 다 가마
⑤	오스만 제국	바르톨로뮤 디아스	마젤란

02. 다음 중 절대왕정을 이룬 나라와 국왕에 대한 설명으로 잘못 짝지어진 것은?

① 에스파냐-펠리페 2세는 무적함대를 통해 해상권을 장악했다.

② 프로이센-프리드리히 2세는 국민계몽과 농민 보호에 힘썼다.

③ 러시아-표트르 대제는 서유럽의 문화와 제도를 적극 받아들였다.

④ 영국-헨리 8세는 영국 국교회를 선포하며 스스로 교회의 수장임을 선언했다.

⑤ 프랑스-'짐이 곧 국가'라고 외친 루이 14세는 화려한 베르사유 궁전으로 그 위세를 과시했다.

[03~04] 다음 지도와 사진을 참고하여 아래 물음에 답하시오.

03. 위 시기에 유럽에 살았던 인물들의 말 중 적절하지 않은 것은?

① 국왕-식민지에서 들어오는 금과 은 덕분에 왕실의 살림이 넉넉해졌군.

② 지주귀족-식민지에 농작물을 팔 수 있으니 내 재산은 더 늘어나는군.

③ 교황청-우리에겐 교세를 확장할 좋은 기회야. 외국에 선교사들을 보내야겠어.

④ 상공업자-배를 타고 멀리까지 가야 하는 건 힘들지만 수입이 큰 데다 국왕께서
　 지원해 주시니 든든해.

⑤ 농민-감자와 옥수수가 맛있다는데 값이 너무 비싸서 감히 사다 먹을 꿈도 못 꾸겠어.

04. 위 시기에 활발했던 삼각무역의 결과로 볼 수 있는 것은?

① 중국에서 발명한 나침반

② 최초로 세계 일주를 한 마젤란

③ 오랜 항해도 견딜 수 있는 조선술

④ 향신료를 얻기 위한 새로운 항로 개척

⑤ 유럽에 전해진 감자, 옥수수, 담배

05. 다음 인물들과 관련된 사상에 대한 설명 중 옳은 것은?

• 로크	• 몽테스키외	• 루소

① 세상의 모든 현상을 과학적 이성으로 설명했다.

② 자영농을 되살려야 국가를 탄탄하게 할 수 있다고 주장했다.

③ 인간평등 사상을 바탕으로 식민지 건설에 반대했다.

④ 강력한 왕권 중심의 중앙집권체제를 강화했다.

⑤ 민주공화정 수립에 기여했다.

정답 및 해설

Chapter 01

책을 읽기 전에

* 예시 답 생략

[해설] 본격적으로 책 읽기에 앞서 제시되어 있는 질문을 통해 해당 단원에서 알아야 할 중심 내용을 예측해 본다.

책을 읽으며

1. 예시 답 생략

[해설] 본문을 읽으며 중요하다고 생각하는 내용에 밑줄 치며 읽는다. 문장 전체로 밑줄을 긋기보다 단어나 어구 등 최소한으로 표시한다.

2. [해설] 스스로 읽으며 밑줄 친 내용과 일치하는지, 어떤 내용이 질문으로 제시되었는지 생각하며 읽는다.

ⓑ 주지육림과 트로이 목마는 실제로 있었던 사건일까?: 사실로서의 역사와 기록으로서의 역사

1) 사실, 기록

2) 랑케, 카

ⓑ 역사 연구에 사료가 중요한 까닭은?: 역사 연구 방법

1) 선사, 역사

2) 유물, 유적, 문자, 기록

3) 사료

4) 예수, 기원전, 기원후

ⓑ 삶의 지혜를 배우기 가장 좋은 학문은?: 역사 공부의 목적

1) 역사

2) 정체성

3) 역사적 사고력

4) 문화, 다양성

3. 예시 답 생략

[해설] 이번에 세계사 공부를 하며 달성하고 싶은 목표를 설정해 본다.

한눈에 보기

1. ㉠ 사실, ㉡ 기록, ㉢ 사료, ㉣ 기록, ㉤ 예수

역사 논술

1. 카는 '기록으로서의 역사'를 더 중요하게 여겼다. 과거의 사실에 의미를 부여하고, 현재와 어떤 관계가 있는지 등을 정리하는 것을 역사가의 책무라고 보았다.

2. 사료에는 그 사료를 기록한 사람의 가치관이나 주관이 들어갈 수 있기 때문에 최대한 객관적으로 사료를 분석하고 검증할 필요가 있다. 과거의 시점에서 누군가 의도적으로 과장하거나 왜곡하여 사료를 남겼을 수 있어 사료 비판이 중요하다.

[해설] 사료를 객관적으로 검증하는 과정을 사료 비판이라고 한다.

3. 최근에 미얀마에서 일어난 군사 쿠데타에 대

한 뉴스를 보았다. 미얀마 사람들이 한국의 민주주의 발전에 대한 현대사를 서로 공유하며 민주주의에 대한 희망을 품고 투쟁을 이어나간다는 이야기가 안타까우면서도 참 감동적이었다. 역사적 사고력을 길러 과거의 잘못을 반복하지 않고 바람직한 선택을 하기 위해 역사 공부를 해야 한다고 생각한다.

[해설] 다양한 역사 공부의 목적 가운데 하나를 자신의 경험과 관련지어 타당하게 서술하였다면 답으로 인정한다.

실력 키우기 📑

01. [정답] ③

[해설] ③번의 설명은 역사가의 주관적인 생각이 개입된 '기록으로서의 역사'에 해당한다. ①, ②, ④, ⑤번은 과거의 사실이며 남아 있는 유물이다.

02. [정답] ⑤

[해설] 역사를 공부하는 목적은 과거의 삶을 재현하는 것이 아니라, 과거를 이해하고 현재를 반성하여 더 나은 미래를 설계하는 데 있다.

Chapter 02

책을 읽기 전에

* 예시 답 생략

[해설] 본격적으로 책 읽기에 앞서 제시되어 있는 질문을 통해 해당 단원에서 알아야 할 중심 내용을 예측해 본다.

책을 읽으며

1. 예시 답 생략

[해설] 본문을 읽으며 중요하다고 생각하는 내용에 밑줄 치며 읽는다. 문장 전체로 밑줄을 긋기보다 단어나 어구 등 최소한으로 표시한다.

2. [해설] 스스로 읽으며 밑줄 친 내용과 일치하는지, 어떤 내용이 질문으로 제시되었는지 생각하며 읽는다.

🔁 손이 자유로워지면서 진화가 시작되다: 인류의 출현과 진화

　　1) 390만, 오스트랄로피테쿠스 아파렌시스

　　2) 언어, 불

　　3) 매장

　　4) 호모 사피엔스, 크로마뇽인

🔁 최초의 도구는 깨진 돌멩이였다: 구석기 시대의 특징

　　1) 뗀석기, 주먹

　　2) 막집, 채집, 수렵

　　3) 장례, 동굴

🔁 농경이 바꾼 세상: 신석기 혁명의 의의와 특징

　　1) 간석기, 농경, 강가

　　2) 목축, 토기, 농업 혁명

　　3) 정착, 부족 사회

　　4) 가락바퀴, 애니미즘, 토테미즘

🔁 큰 강 주변에서 문명이 태동하다: 세계 4대 문명의 탄생과 공통점

　　1) 관개

　　2) 청동기, 국가, 계급

3) 문명, 메소포타미아, 이집트, 인더스, 중국

4) 문자, 역사 시대

Ⓑ 함무라비 법전 이전에 최초의 법전이 있었다:
   메소포타미아 문명의 발전

1) 수메르, 기원전 3500

2) 아무르, 바빌로니아, 함무라비

3) 히타이트

4) 60, 태음력

5) 페니키아

6) 표음 문자, 알파벳

Ⓑ 피라미드와 미라는 왜 만들었을까?: 이집트
   문명의 발전

1) 나일강, 메네시스

2) 사막, 바다

3) 태양신, 파라오, 피라미드

4) 상형, 측량, 10, 태양력

Ⓑ 인도의 카스트 제도는 왜 생겨난 걸까?: 인더
   스 문명의 발전과 몰락

1) 모헨조다로, 하라파

2) 도로망, 배수관

3) 아리아인

4) 카스트, 브라만, 크샤트리아, 평민, 수드라,
   불가촉천민

Ⓑ 중국 봉건제는 유럽 봉건제와 어떤 점이 다를
   까?: 중국 문명의 탄생과 발전

1) 황허, 갑골, 한자

2) 주

3) 봉건제, 제후

4) 신하, 세금, 서열

5) 낙읍, 춘추 전국

3. [예시 답] 인류의 진화 과정, 선사 시대 인류의
   생활 모습, 4대 문명

   [해설] 긴 내용을 크게 세 부분으로 나눠 어떤
   내용이 실려 있는지 최대한 간단히 정리해 생
   각해 본다.

한눈에 보기

1. ㉠ 호모 에렉투스, ㉡ 호모 네안데르탈렌시스,
   ㉢ 호모 사피엔스

   [해설] 책에는 더 다양한 인류가 소개되어 있
   지만 주요 교과서에서 설명하고 있는 내용에
   따라 네 단계로 정리하였다.

2. ㉠ 농경, ㉡ 움집, ㉢ 가락바퀴, ㉣ 뼈바늘

   [해설] 구석기와 신석기의 주요 특징을 비교하
   며 기억하도록 한다.

3. ㉠ 큰 강, ㉡ 문자, ㉢ 함무라비, ㉣ 쐐기, ㉤ 나
   일강, ㉥ 피라미드, ㉦ 인장, ㉧ 갑골

역사 논술

1. 고대 문명 발생지들에는 지리적인 공통점이
   있다. 메소포타미아 문명은 티그리스강과 유
   프라테스강을 끼고 발생하였고, 이집트 문명
   은 나일강, 인도 문명은 인더스강, 중국 문명
   은 황허강 유역에서 발생하였다. 또한 각 문명
   지 모두 문자를 사용하였으며, 거대 건축물이
   있었다는 점도 공통점이다.

   [해설] 큰 강 유역, 문자, 거대 건축물 등 고대
   문명 발생지의 공통점을 세 가지 이상 서술하
   면 된다.

2. 메소포타미아 지방은 사방이 탁 트인 평원 지대였고, 이집트는 사막과 바다로 둘러싸인 폐쇄적인 지형이었다. 그래서 메소포타미아 지역은 수시로 침략을 받고 강자가 바뀌었지만, 이집트는 오랜 기간 통일 왕국을 유지할 수 있었다.

3. 이집트 사람들이 파라오의 시신을 부패하지 않도록 처리한 까닭은 육신이 부활해서 돌아올 것을 믿었기 때문이다. 그리고 『사자의 서』가 사후 세계를 안내해 주고 나아가 죽은 사람이 부활하도록 도와주는 역할을 한다고 여겼다. 이집트 사람들은 죽은 후의 세계, 즉 내세를 중요하게 여겼다는 점을 알 수 있다.

4. 지중해 동부에서 활발한 해상 활동을 했던 페니키아인들이 사용한 문자는 소리가 나는 대로 적는 표음 문자였다. 표음 문자는 쐐기 문자나 상형 문자 같은 표의 문자보다 사용하기 훨씬 편리하였다. 이후 페니키아 문자는 그리스로 전파됐고 오늘날의 알파벳으로 발전했기 때문에 역사적으로 큰 의미가 있다.
[해설] 사람이 말하는 소리를 기호로 나타내는 글자를 표음 문자라고 한다. 알파벳이나 한글이 대표적인 표음 문자이다. 표의 문자와 표음 문자의 차이를 이해하고, 표음 문자의 장점을 파악하도록 한다.

5. 모헨조다로 유적지에서는 물소, 코끼리와 같은 동물이나 문자를 새긴 수천 개의 인장이 발견되었다. 이 인장이 메소포타미아 지방에서도 발견되었다는 것은 모헨조다로 사람들이 메소포타미아 지역의 사람들과 교류를 했다는 증거이다.

6. 주의 통치 제도는 혈연관계인 왕족이나 공신에게 봉토를 주고 왕을 받들게 하는 봉건제였다. 시간이 흐르면서 왕과 제후 사이의 혈연관계가 느슨해졌기 때문에 왕실의 힘이 약해지고 봉건제가 흔들리게 되었다.

실력 키우기

01. [정답] ④
[해설] 불을 처음으로 사용한 것은 호모 에렉투스이다.

02. [정답] ⑤
[해설]
(가) 언어와 불을 사용했다. - 호모 에렉투스
(나) 직립 보행하고 간단한 도구를 사용했다. - 오스트랄로피테쿠스 아파렌시스
(다) 죽은 사람을 매장하고, 사후 세계에 관심을 가졌다. - 호모 네안데르탈렌시스
(라) 동굴 벽화나 조각 등 예술 활동을 시작했다. - 호모 사피엔스

03. [정답] ⑤
[해설] ㉤의 반달돌칼은 청동기시대에 사용한 유물이다.

04. [정답] ②
[해설] 죽은 사람이 쓰던 물건을 함께 매장하는 것은 구석기 시대 풍습이다.

05. [정답] ②
[해설] 오히려 각 문명의 정치적 지도자의 권력이 강했기 때문에 4대 문명의 공통점으로 강력한 종교가 있었다는 것은 적절하지

않다.

06. [정답] ④

[해설] 이집트에서는 태양력, 메소포타미아에서는 태음력을 사용했다.

07. [정답] ⑤

[해설] ④ 상의 마지막 왕은 '주지육림'을 만든 폭군으로 주변국들의 반발을 일으켰다. 그중 주(周)가 상을 정복한 것은 사실이나, 그 문명이 사라지게 한 것은 아니다. ⑤ 주(周)는 왕이 있는 수도(호경)는 왕이 직접 통치하였으나, 새로 정복한 영토는 제후들에게 나누어주며 자치권을 인정하는 봉건제를 시행했다.

Chapter 03-1

책을 읽기 전에

* 예시 답 생략

[해설] 한 단원으로 묶인 여러 지역의 역사를 이해하며 읽기 좋은 정도로 분류해 본다.

책을 읽으며

1. 예시 답 생략

[해설] 소제목 단위로 나눠 읽으며 중요하다 싶은 내용에 밑줄을 쳐 본다. 읽은 후 문제로 나올 만한 내용을 찾는다는 느낌으로 중요한 내용을 생각해 본다.

2. [해설] 스스로 읽으며 밑줄 친 내용과 일치하는지, 어떤 내용이 질문으로 제시되었는지 생각하며 읽는다.

⊞ 페르시아는 왜 관용 정책을 폈을까?: 아케메네스 왕조 페르시아의 서아시아 통일

1) 아시리아, 철제 무기, 기병

2) 신바빌로니아, 이집트

3) 아케메네스 왕조 페르시아

4) 키루스의 원통, 관용

5) 다리우스 1세, 도로망, 페르세폴리스

⊞ 파르티아와 사산 왕조의 가장 큰 차이점은?: 사산 왕조 페르시아의 흥망

1) 그리스·페르시아, 알렉산드로스

2) 파르티아, 사산 왕조 페르시아

3) 로마, 페르시아

4) 이슬람

⊞ 현대 종교 기원은 페르시아에서 나왔다: 페르시아의 문화 발전

1) 조로아스터

2) 마니교

3) 인도, 메소포타미아, 이집트

3. 예시 답 생략

[해설] 기억나는 사건이나 용어, 인물의 이름 등을 기록하고 관련 내용을 머릿속으로 정리해 본다.

한눈에 보기

1. ㉠ 아시리아, ㉡ 아케메네스, ㉢ 사산

2. ㉠ 이집트, ㉡ 역참제, ㉢ 페르세폴리스, ㉣ 인도, ㉤ 로마

[멸망 원인]

아시리아: (지배하던 민족들의 반발)에 의해 60년 만에 멸망.

아케메네스 왕조 페르시아 : (마케도니아의 알렉산드로스 동방 원정)에 의해 멸망.
사산 왕조 페르시아 : (이슬람 제국의 침략)에 의해 멸망.

3. 조로아스터교

역사 논술

1. 아시리아는 강력한 철제 무기와 전차를 가지고 있었고, 기동력이 뛰어난 기병이 있었다. 그리고 아시리아의 전사들은 잔인하다 싶을 정도로 용맹했기 때문에 이집트를 정복하고 오리엔트를 통일할 수 있었다.

2. 페르시아는 정복지 주민들에게 관용적인 정책을 펼쳤다. 아시리아는 정복지 주민들을 강제로 이주시키거나 엄청난 세금을 내도록 했지만 이로 인한 반발이 커서 60년 만에 멸망했다. 페르시아는 과거의 실패를 반복하지 않기 위해서 정복한 민족의 종교와 전통을 존중하는 관용 정책을 펼쳤다.

3. 다리우스 1세는 지방 곳곳을 효과적으로 통치하기 위하여 주를 나누어서 총독을 직접 파견하고, 그 총독을 감시하기 위한 감찰관도 따로 파견하였다. 이를 통해 지방에서 일어날 수 있는 반란을 막고 강력한 왕권을 바탕으로 페르시아가 더 큰 제국으로 성장할 수 있는 발판을 마련하였다. / 다리우스 1세는 도로망을 정비하고 역참제를 실시하였다. 전국의 주요 도시를 연결하는 도로망이 정비되고, 도로의 중간 중간에 역참이 마련되어 있으면 왕명을 더욱 신속하게 지방으로 전달할 수 있다. 군대나 물

자의 수송도 빨라진다. 덕분에 넓은 영토를 더 수월하게 다스리고 강력한 왕권을 구축할 수 있었다.

[해설] 다양한 답변을 수용할 수 있는 발문이므로, 다리우스 1세의 업적 가운데 하나를 골라 그 내용과 효과를 바르게 서술한 경우에 답으로 인정한다.

4. 아케메네스 왕조 페르시아는 그리스·페르시아 전쟁으로 국력이 많이 쇠약해져 있었다. 중앙 집권 체제가 무너지고 지방 곳곳에서 각 주의 총독들이 반란을 일으켰다. 그러던 중 그리스 지역에서 일어난 마케도니아의 알렉산드로스가 동방 원정을 단행하여 페르시아는 멸망하게 되었다.

[해설] 메소포타미아는 큰 산맥이나 바다 같은 지형물이 적어 개방적인 지형적 특색을 가지고 있기 때문에 예로부터 왕조의 교체나 이민족의 침략이 잦았다. 페르시아 제국은 강력한 왕권과 포용 정책을 바탕으로 오랜 기간 번영을 누렸으나, 아케메네스 왕조 페르시아는 알렉산드로스 제국에 의해 멸망하였다.

5. 아케메네스 왕조 페르시아 때 조로아스터(자라투스트라)가 창시한 종교이다. / 경전의 이름은 '아베스타'이다. / 세상을 선(아후라 마즈다)과 악(아리만)이 투쟁하는 곳으로 보는 종교이다. / 최후의 심판, 구세주의 등장 등을 믿으며 크리스트교와 이슬람교에 영향을 주었다. / 불을 숭배하여 '배화교'라고도 불린다. / 아케메네스 왕조 페르시아의 다리우스 1세가 이 종교를 후원하였고, 사산 왕조 페르시아 때 조로아스터교를 국교로 삼고 경전을 정

비하였다.

[해설] 예시 답안 가운데 두 가지 이상의 특징을 들어 서술하면 된다.

6. 페르시아는 동쪽의 인도 문화에서부터 메소포타미아의 바빌로니아와 아시리아의 문화, 이집트와 그리스의 문화까지 정복지의 문화를 모두 수용하였기 때문에 국제적이고 화려한 문화가 발달하였다.

실력 키우기

01. [정답]
  (1) ○
  (2) ○
  (3) ○
  (4) ×, 사산 왕조 페르시아 → 아케메네스 페르시아 왕조
  (5) ×, 그리스의 침략 → 알렉산드로스 제국의 침략

02. [정답] ③

03. [정답] ④
  [해설] 다리우스 1세와 관계있는 것은 ⓒ화폐통일, ⓑ왕의 길, ⓐ아케메네스 왕조이다. ㉠마니교 - 사산왕조, ⓒ에데사 전투 - 사산왕조, ⓘ조로아스터교 국교 인정 - 사산 왕조 ⓔ알렉산드로스 대왕 - 아케메네스 왕조 멸망(다리우스 3세)

04. [정답] ①
  [해설] 지도는 사산 왕조 페르시아의 영토를 보여준다. 수사~사르디스에 이르는 '왕의

길'은 아케메네스 왕조의 다리우스 1세가 만든 길이다.

04. [정답] ②
  [해설] 페르시아는 피정복민이 세금만 제대로 내면 자치를 허용했다.

Chapter 03-2

책을 읽기 전에

* 춘추 5패(제, 진, 초, 오, 월), 전국 7웅(한, 위, 조, 진, 초, 제, 연), 진, 한
  [해설] 제시된 내용에서는 진, 한만 보이지만 앞서 읽은 2장에서 여러 나라가 천하를 다투는 '춘추 전국 시대'라는 설명이 있으므로 다른 자료들을 통해 가볍게 찾아 배경지식을 넓혀도 좋겠다.

책을 읽으며

1. 예시 답 생략
  [해설] 본문을 읽으며 중요하다고 생각하는 내용에 밑줄 치며 읽는다. 문장 전체로 밑줄을 긋기보다 단어나 어구 등 최소한으로 표시한다.

2. [해설] 스스로 읽으며 밑줄 친 내용과 일치하는지, 어떤 내용이 질문으로 제시되었는지 생각하며 읽는다.

ⓑ 와신상담이란 한자성어가 탄생한 배경은?: 춘추 전국 시대와 제자백가
  1) 춘추 전국
  2) 5패, 전국 7웅, 진
  3) 철제 농기구, 우경, 도시, 시장, 화폐

4) 제자백가

① 공자, 맹자 ———— 법가, 법에 따른 엄격한 통치
② 한비자 ———— 도가, 무위자연
③ 노자, 장자 ———— 유가, 왕도 정치
④ 묵자 ———— 묵가, 차별 없는 세상

🅑 진시황은 왜 책을 태웠을까?: 진의 중국 통일

1) 법가
2) 시황제, 중앙 집권 체제, 군현제
3) 도로망, 통일, 만리장성
4) 분서, 갱유
5) 15년

🅑 사면초가의 유래는?: 한의 성립과 발전

1) 유방, 군국제
2) 군현제, 고조선, 장건, 비단길
3) 소금, 철
4) 신, 후한
5) 황건적, 조조

🅑 한자라는 말은 어디에서 유래했을까?: 한대 문화의 특징

1) 유가, 사기
2) 비단길, 종이

3. 예시 답 생략

[해설] 기억나는 사건이나 용어, 인물의 이름 등을 기록하고 관련 내용을 머릿속으로 정리해 본다.

1. ㉠ 봉건제, ㉡ 군현제, ㉢ 군국제, ㉣ 군현제

2. ㉠ 우경, ㉡ 제자백가, ㉢ 공자, ㉣ 법, ㉤ 도가

3. 만리장성, 병마용갱, 아방궁

4. ㉠ 무제, ㉡ 장건, ㉢ 사마천, ㉣ 채륜

[해설] 장건과 사마천은 전한 시대인 무제 때 인물이고, 채륜은 후한 시기의 인물이다. 전한과 후한에 이르는 400여 년간 중국 문화가 눈부시게 발전했다.

1. 법가 사상을 받아들였을 것 같다. 혼란스러운 시기일수록 더 강력한 통치가 필요하고, 공정한 법을 바탕으로 정의를 구현하는 사회가 백성을 안정시킬 수 있다고 생각하기 때문이다. / 유가 사상을 받아들였을 것 같다. 진의 멸망에서도 알 수 있듯이 너무 강력한 규제는 사람들의 반발을 불러일으킨다. 예의와 도덕을 바탕으로 하는 정치 제도가 나라를 안정시킬 수 있다고 생각한다.

[해설] 다양한 답변을 수용할 수 있는 발문이므로, 유가, 법가, 도가, 묵가 각 사상의 주요 내용을 밝히고 그에 찬성하는 내용을 근거로 들어 주장을 펼친 경우에 답으로 인정한다.

2. 춘추 전국 시대에 철기가 보급되면서 철제 농기구가 만들어졌다. 철제 농기구와 소를 이용한 우경을 통해 농업이 크게 발달하였고, 농업 생산력이 늘어나며 남는 것들을 시장에서 판매하는 상업과 수공업이 크게 발달할 수 있었다.

3. 진은 혼란스러웠던 중국을 통일하였고, 강력한 중앙 집권 정책을 바탕으로 중국 전역의 문자와 화폐, 도량형 등을 통일하여 넓은 지역에 퍼져 살던 중국 사람들을 하나로 묶는 역할을

했다.

4. 진시황제는 대규모 토목 공사를 실시하여 백성들의 노동력을 강제로 동원하였고 법가 외의 사상을 강력하게 탄압하는 등 강압적인 정책을 펼쳤다. 이에 불만이 커진 백성들이 불만을 가지고 전역에서 반란을 일으켰기 때문에 진이 멸망하게 되었다.

5. 군국제란 수도와 가까운 중앙 지역은 황제가 직접 관리를 파견하여 통치하고 수도에서 먼 지역은 제후를 두고 제후에게 직접 통치하도록 맡기는 방식으로, 진의 군현제와 주의 봉건제를 융합한 통치 제도라고 볼 수 있다.

[해설] 군현제는 봉건제에 비해 중앙 집권적인 성격이 강하지만, 황제의 힘이 약할 경우에는 그 영향력을 행사하기 어렵다는 점이 단점이다. 한 고조 유방은 건국 초기에 이러한 점을 고려하여 군현제와 봉건제를 통합한 방식인 군국제를 실시하였다.

6. 중국의 비단, 제지술 등이 서역과 로마로 전파되었고, 서양의 헬레니즘 문화나 불교, 이슬람교가 비단길을 통해 중국으로 들어왔다.

7. 비단길을 통하여 중국의 비단, 제지술 등이 서역과 로마로 전파되었고, 서양의 헬레니즘 문화나 불교, 이슬람교가 중국으로 들어왔다.

실력 키우기

01. [정답] ①, ②, ⑤

[해설] ③ 춘추 전국 시대엔 우경이 시작되어 농업생산량이 늘어났고, 이로 인해 상업

과 수공업이 모두 발달하였다.

④ 춘추 시대까지는 주 왕실의 권위가 남아 있었지만, 전국 시대에 이르러서는 더 이상 주 왕실을 받들지 않았다.

02. [정답] ②

[해설] 진나라 시황제의 통일정책이 제시되어 있다. 중국 대륙을 최초로 통일한 왕조에서는 넓은 영토와 많은 백성을 효율적으로 다스리기 위해 문화와 제도를 통일할 필요가 있었다. 특히 도로망을 정비하여 반란이 일어난 지방에 군대를 급파할 수 있도록 하였고, 문자와 화폐, 도량형을 통일해 황제의 명령이 지방 구석구석까지 빠르게 전달되도록 하여 강력한 왕권을 바탕으로 중앙 집권 체제가 잘 돌아가게 하기 위함이었다.

03. [정답] ③

[해설]

㉠ 연호 사용 - 한무제, '건원'이라는 연호 사용

㉡ 철기 보급 - 춘추 전국 시대

㉢ 군현제 실시 - 한무제. 강력한 왕권을 확립하여 군국제를 실시할 이유가 없었다.

㉣ 군국제 실시 - 한고조. 한나라를 처음 건국한 한고조가 실시하였다.

㉤ 고구려 멸망 - 한무제는 고구려가 아닌 고조선을 멸망시켰다.

㉥ 유학가 교육 실시 - 한무제는 동중서를 중용하여 유학을 통치이념으로 삼고, 유학을 교육하기 위한 태학을 설립했다.

㉦ 종이 발명 - 후한 시대 채륜에 의해 발명되었다.

◎ 철, 소금 전매제 - 한무제는 국가 재정을 확충하기 위해 전매제도를 실시했다.

04. [정답] ③

[해설] 흉노족의 침입이 아닌, 황건적의 난이 일어났다.

정치가 부패하며 백성들의 삶이 어려워진 농민들이 머리에 노란색 두건을 두르고 봉기하여 일어났으나 결국 호족 세력에 의해 진압되었다.

05. [정답] ④

[해설] ④ 한나라의 힘이 약해진 후 한동안 폐허로 변해 있던 비단길을 후한의 광무제가 다시 열어 서양세계와 다시 교역을 시작하였다.

Chapter 03-3

책을 읽기 전에

*예시 답 생략

[해설] 해당 부분의 본문 분량이 많아 읽기 부담스러울 수 있다. 따라서 읽기 전에 자신의 읽기 성향이나 능력 등 상황을 바탕으로 읽기 전략을 세우는 연습을 해 본다. 스스로 정한 방법에 따라 독서 활동이나 독후 활동의 순서도 달라질 수 있음을 미리 생각해 둔다.

책을 읽으며

1. 예시 답 생략

[해설] 소제목 단위로 나눠 읽으며 중요하다싶은 내용에 밑줄을 쳐 본다. 읽은 후 문제로 나올 만한 내용을 찾는다는 느낌으로 중요한 내용을 생각해 본다.

2. [해설] 스스로 읽으며 밑줄 친 내용과 일치하는지, 어떤 내용이 질문으로 제시되었는지 생각하며 읽는다.

B 아크로폴리스와 아고라의 차이는 무엇일까?: 아테네와 스파르타의 발전

1) 에게 문명, 폴리스

2) 그리스, 올림피아 제전

3) 아테네, 스파르타

4) 도편 추방제

5) 직접, 남성

6) 스파르타

B 아테네와 스파르타의 대결, 누가 승리했을까?: 페르시아 전쟁과 그리스 내전

1) 다리우스 1세, 살라미스

2) 아테네, 델로스, 펠로폰네소스

3) 펠로폰네소스

B 산파술이 도대체 뭘까?: 그리스 문화의 특징

1) 현실적, 인간

2) 자연, 소피스트

3) ① 소크라테스 — 역사학의 아버지
② 플라톤 — 의학, 선서
③ 아리스토텔레스 — 현실 정치 강조
④ 히포크라테스 — 산파술
⑤ 헤로도토스 — 참된 세계, 이데아

B 알렉산드로스는 왜 페르시아 여성과 결혼했을까?: 헬레니즘 세계의 탄생

1) 알렉산드로스, 페르시아

2) 이집트

3) 알렉산드리아, 그리스, 융합

4) 시리아, 이집트, 로마

5) 헬레니즘, 간다라

Ⓑ 그라쿠스 형제는 왜 토지개혁을 주장했을까?:
   로마 공화정의 성립과 발전

1) 테베레, 로마

2) 집정관, 원로원

3) 호민관

4) 카르타고, 로마

5) 농민, 대농장

6) 토지

7) 카이사르

8) 원로원, 공화파

Ⓑ 황제의 어원은 로마에서 나왔다: 로마 제국의
   탄생과 몰락

1) 옥타비아누스, 로마의 평화

2) 도로망, 도량형, 국제 무역

3) 디오클레티아누스, 4

4) 콘스탄티누스, 크리스트, 비잔티움

5) 게르만족

6) 동로마, 서로마

Ⓑ 네로는 왜 크리스트교를 박해했을까?: 로마
   문화의 특징과 크리스트교 공인

1) 콜로세움, 개선문, 공중목욕탕

2) 성문법, 유스티니아누스

3) 영웅전, 베르길리우스

4) 예수, 국교

3. 예시 답 생략

[해설] 부분별 소제목을 참고하여 해당 시기에
있었던 사건들을 기억나는 대로 떠올리며 그

리스·로마의 역사 흐름을 정리해 본다.

1. ㉠ 에게, ㉡ 도리아인, ㉢ 폴리스, ㉣ 올림피아
   제전

2. ㉠ 농업, ㉡ 민주주의(또는 직접 민주주의)
   [해설] 아테네의 직접 민주주의는 20세 이상의
   남성만 가능했다. 여성, 노예 외국인은 참여할
   수 없었다.

3. ㉠ 펠로폰네소스 전쟁, ㉡ 아테네, ㉢ 패, ㉣
   승, ㉤ 마케도니아

4. 알렉산드로스의 동방 원정 과정
   알렉산드로스의 포용 정책

5. ㉠ 호민관, ㉡ 카르타고, ㉢ 라티푼디움, ㉣ 아
   우구스투스, ㉤ 게르만족
   로마의 정치 제도: 왕정 → 공화정 → 제정

6. ㉠ 헬레니즘, ㉡ 개인주의, ㉢ 실용적

1. 스파르타는 20%의 그리스 혈통의 시민이
   80%나 되는 노예와 비자유민을 지배해야 했
   기 때문이다.

2. 소크라테스가 가장 중요하다고 생각한다. 그
   이유는 소크라테스 다른 소피스트들과 달리
   절대적 진리를 깨우치게 하였다. 나아가 플라
   톤이라는 철학에 중요한 인물을 길러냈으며,
   그 플라톤의 제자인 아리스토텔레스에게도
   영향을 주었다.

[해설] 여러 인물 가운데 한 사람을 골라 그 인물의 업적이 무엇이며, 그것이 왜 의미가 있는지를 바르게 서술한 경우에 답으로 인정한다.

3. 정복한 지역의 왕을 귀족과 왕실에 버금가게 대우하는 포용 정책을 펼쳤다. 그리고 본인은 물론 그리스 병사들을 정복지의 여성과 혼인하게 하여 포용하고 융화하려고 하였다.

4. 공동체를 중요하게 여기는 폴리스가 쇠퇴하여 개인의 행복을 중요하게 여기는 사람이 많았다. 그리고 동서양의 문화가 포용되며 모두가 동등한 시민이라는 인식이 생겨서, 세계 시민주의로 발달하였다.
[해설] 폴리스의 쇠퇴와 동서양 문화의 포용이라는 개인주의와 세계 시민주의 발달의 배경까지 서술한 경우에 답으로 인정한다.

5. 당시 지중해 일대의 최고 강자였던 카르타고를 이겨서 지중해 지역의 패권을 장악하기 위해서 포에니 전쟁을 벌였다.

6. 최대 영토를 차지하고 전역에 도로망이 깔렸으며, 화폐와 도량형이 통일되었다. 상업과 국제 무역이 크게 발달해서 중국까지 가서 교역을 했다.
[해설] 로마를 전성기로 이끈 오현제 시대의 모습에 대해 묻는 문제이다. 넓은 영토, 도로망, 제도 통일, 국제 무역 중 두 가지 이상의 모습을 서술한 경우에 답으로 인정한다.

7. 크리스트교 신도들이 좀처럼 굴복하지 않았고, 크리스트교를 공인을 통해 크리스트교 신도들의 존경을 받아 황제의 권력을 강화하고 로마 제국을 안정화시켰다.

8. 그리스에서 발달한 학문, 정치 체제, 철학, 문학, 신학 등이 로마로 계승되어 오늘날 유럽과 서양 문화의 뿌리가 되어 오늘날까지 그 영향력이 전해지기 때문이다.

실력 키우기

01. [정답] ③
[해설] 크레타 문명은 그리스 본토의 미케네 사람들에 의해 멸망했다.

02. [정답] ㉠, ㉣, ㉕
[해설] 그리스 폴리스 중 아테네와 스파르타의 차이를 구분하는 활동이다.
㉠은 도편추방제가 있었던 아테네에 대한 설명, ㉡과 ㉢은 스파르타에서의 생활 모습이다. ㉣은 상업과 무역이 발달했던 아테네에서 볼 수 있는 모습이며, ㉤은 인구의 80%가 노예 또는 반자유민이었던 스파르타에 대한 설명이다. ㉕은 직접민주주의가 발달했던 아테네에서 소피스트들이 활발하게 활동했던 모습이다.

03. [정답] 페르시아 전쟁-펠로폰네소스 전쟁-동방 원정-포에니 전쟁
[해설] 그리스·페르시아 전쟁 B.C.492~B.C.448
펠로폰네소스 전쟁 B.C.431
포에니 전쟁 B.C.264
동방 원정 B.C.334

04. [정답] ④
[해설] 빈칸에 들어갈 인물은 '알렉산드로스'이다. 알렉산드로스는 동방 원정을 통해

이집트~인더스강 유역까지 대제국을 건설했다. 정복지에 자신의 이름을 딴 '알렉산드리아'라는 도시들을 건설했으며, 그리스어를 공용어로 채택해 그리스 문화를 전파하는 데 힘썼다. 동시에 정복민과 결혼하고 능력이 있는 사람은 페르시아인이라도 관리로 등용하여 민족 융합정책을 폈다. 동시에 동방의 강력한 군주제를 받아들였다.

05. [정답] ③

[해설] 헬레니즘 시대엔 과학, 수학, 철학이 모두 발달했다. 특히 금욕적인 생활을 중시하는 스토아학파와 정신의 즐거움을 통해 행복을 얻자는 에피쿠로스학파가 활동했다.

06. [정답] ⑤

[해설] ① 호메로스 - 고대 그리스

② 소크라테스 - 고대 그리스

③ 프로타고라스 - 고대 그리스

④ 헤로도토스 - 고대 그리스

⑤ 플루타르코스 - 로마

07. [정답] ④

[해설] 처음 도시 국가로 출발한 로마는 왕이 다스리는 왕정국가였다. 기원전 6세기 후반 공화정으로 바뀜. 성산 사건은 기원전 494년과 기원전 449년에 걸쳐 일어난 사건으로 그 결과 12표법을 만들게 되었다. 포에니 전쟁은 기원전 264년에 카르타고와 치른 전쟁으로 로마가 승리했으며, 그로 인해 자영농이 몰락하자 호민관이었던 그라쿠스 형제가 토지개혁을 주장하며 어려워진 평민의 삶을 개선하려 했으나 실패했다.

이후, 사병을 거느린 군인 출신의 정치인들이 등장하며 아우구스투스 칭호를 받은 황제가 다스리는 제정국가로 돌입한다.

08. [정답] ②

[해설] 보기의 설명은 포에니 전쟁을 가리킨다. 이로 인해 자영농이 몰락하고 농민은 가난해졌다. 이곳에서 얻은 전리품은 모두 귀족의 소유로 돌아갔다.

09. [정답] ㉠ 호민관, ㉡ 12표법

10. [정답] ④

[해설] 기독교를 공인하는 밀라노 칙령을 공포한 황제는 콘스탄티누스 대제이다.

Chapter 04

책을 읽기 전에

*예시 답 생략

[해설] 본격적으로 책 읽기에 앞서 차례를 꼼꼼히 읽으며 소제목 형식에 따라 답을 생각하거나 질문 거리를 만들어 보며 중요한 내용이 무엇일지 생각해 본다.

책을 읽으며

㉲ 석가는 왜 왕이 되기를 포기했을까?: 불교의 탄생

1) 크샤트리아, 바이샤, 카스트

2) 고타마 싯다르타, 불교

3) 석가모니, 평등, 자비

⊞ 아소카왕은 왜 전쟁을 포기했을까?: 마우리아
   왕조의 인도 통일과 발전
   1) 찬드라굽타 마우리아
   2) 아소카왕, 인더스강, 데칸고원, 중앙 집권
      체제
   3) 전쟁, 불교, 세계 종교
   4) 아소카, 180

⊞ 인도의 불상은 왜 서양 사람을 닮았을까?: 쿠
   샨 왕조와 간다라 미술
   1) 쿠샨
   2) 카니슈카, 중계 무역
   3) 대승, 비단길
   4) 헬레니즘, 인도, 간다라 미술

⊞ 인도에는 12억의 신이 있다: 굽타 왕조의 성
   립과 힌두교의 발전
   1) 찬드라굽타 1세, 북부
   2) 찬드라굽타 2세, 해상 무역
   3) 브라만교, 힌두교
   4) 단순, 카스트, 마누 법전

⊞ 아라비아 숫자의 기원은 인도: 인도 고전 문
   화의 발전과 동남아시아로의 확산
   1) 인도, 산스크리트어
   2) 간다라 미술, 아잔타 석굴
   3) 0, 지구 둘레, 공전
   4) 6세기

3. 예시 답 생략
   [해설] 부분별 소제목을 참고하여 해당 시기에
   있었던 사건, 인물을 중심으로 핵심어를 메모하
   고 6세기 전후 인도 북부 역사를 정리해 본다.

1. ㉠ 브라만, ㉡ 해탈

2. 마우리아 왕조 → 쿠샨 왕조 → 굽타 왕조
   ㉠ 아소카, ㉡ 대승 불교, ㉢ 간다라, ㉣ 힌두교
   [해설] 인도의 통일 왕조별로 주요 특징을 정
   리하고 불교와 힌두교가 확산된 과정을 정리
   한다.

1. 당시 인도의 종교였던 브라만교는 브라만 계
   급이 카스트 제도의 가장 높은 지위를 차지하
   고 모든 권력을 독점하는 차별적인 종교였다.
   이를 비판하며 자비와 평등을 강조하고, 누구
   나 욕심을 버리고 깨달음을 통해 해탈을 할 수
   있다는 고타마 싯다르타의 주장을 따르는 사
   람들이 많아지게 되었다.

2. 상좌부 불교는 석가모니의 가르침에 따라 개
   인적으로 수양을 열심히 해 모든 욕심을 버리
   는 해탈의 경지에 이르는 것을 목표로 한다.
   대승 불교는 쿠샨 왕조의 카니슈카왕 시기부
   터 등장한 불교의 종파로, 개인의 해탈보다 중
   생을 구제하는 것이 더 중요하다고 여겼으며,
   깨달음을 얻기 위해서 부처와 보살을 믿고 선
   행을 쌓을 것을 강조했다.

3. 굽타 왕조 때 불교가 쇠퇴하며 더 이상 인도
   의 국교 자리를 지킬 수 없게 되었다. 굽타 왕
   조는 새로이 떠오른 힌두교를 보호하고 장려
   했다. 힌두교는 브라만교를 중심으로 하되 불
   교와 인도 민간 신앙까지 모두 녹인 종교였고,

무엇보다 단순한 교리와 제사 절차로 민중들의 지지를 받았다. 힌두교는 왕을 비슈누의 환생이라 믿고, 브라만교처럼 카스트 제도를 그대로 받아들였기 때문에 왕실에서는 통치가 편리한 힌두교를 더욱 적극 장려하였다.

실력 키우기

01. [정답] ⑤

[해설] 글은 쿠샨 왕조에 대한 설명이다. ①, ④는 마우리아 왕조에 대한 설명이고, ②, ③은 굽타 왕조 때의 일이다. ⑤의 쿠샨 왕조는 중계 무역으로 번영을 누렸다.

02. [정답] ⑤

[해설] 글은 굽타 왕조에 대한 설명으로, ⑤ 산치 대탑은 마우리아 왕조의 아소카왕이 지은 것이다.

03. [정답] 마우리아 왕조-아소카-상좌부 불교, 쿠샨 왕조-카니슈카-대승 불교, 굽타-찬드라굽타 2세-힌두교

Chapter 05

책을 읽기 전에

*예시 답 생략

[해설] 본격적으로 책 읽기에 앞서 5장의 목표와 부분별 제목을 훑어보며 중요하다고 생각하는 단어나 어구에 표시하며 더 꼼꼼히 읽기 위한 준비를 한다.

책을 읽으며

1. 예시 답 생략

[해설] 소제목 단위로 나눠 읽으며 중요하다 싶은 내용에 밑줄을 쳐 본다. 읽은 후 문제로 나올 만한 내용을 찾는다는 느낌으로 중요한 내용을 생각해 본다.

2. [해설] 스스로 읽으며 밑줄 친 내용과 일치하는지, 어떤 내용이 빈칸으로 제시되었는지 생각하며 읽는다.

○ 《삼국지연의》는 왜 유비 중심으로 이야기가 전개되었을까?: 위·촉·오의 대결과 위진 남북조 시대의 전개

   1) 위, 위진 남북조

   2) 흉노, 동진

   3) 5호 16국

   4) 화베이, 북조, 송

○ 북조 불상의 얼굴은 황제의 얼굴을 본떴다?: 위진 남북조 시대의 문화

   1) 귀족, 9품중정제, 불교

○ 수가 대운하를 만든 까닭은?: 수의 통일과 당의 재통일

   1) 수

   2) 과거제, 조·용·조, 부병제

   3) 대운하, 팽창, 당

○ 당 태종은 왜 메뚜기를 삼켰을까?: 당의 발전과 멸망

   1) 태종, 3성 6부, 비단길

   2) 안사의 난

   3) 이슬람, 제지술

   4) 황소의 난, 주전충

🅑 당삼채가 서역 상인과 낙타의 모양새를 한 까닭은?: 당의 귀족 문화 발전과 교역 확대

1) 이백, 두보, 훈고학

2) 당삼채

3) 국제적, 이슬람교, 마니교

🅑 일본 아스카 문화의 '원본'은 한반도에서 따왔다?: 일본 고대 국가의 성립과 발전

1) 고조선, 한, 삼국, 남북국

2) 야요이, 벼농사

3) 야마토 정권

4) 쇼토쿠, 아스카

5) 일본, 다이카 개신

6) 장안, 나라 시대, 당

7) 헤이안 시대

🅑 한·중·일의 공통점은 무엇일까?: 동아시아 문화권의 형성

1) 한자, 유교, 불교

2) 당, 신라, 일본

3. 예시 답 생략

[해설] 해당 시기에 중국, 한국, 일본 세 나라 역사에서 중요하다 싶은 내용을 떠올리며 스스로 정리해 본다.

1. ㉠ 위, ㉡ 진, ㉢ 북조, ㉣ 남조

2. ㉠ 귀족 문화, ㉡ 도교, ㉢ 불교
[해설] 중국의 위진 남북조 시기는 혼란스러웠던 시기였지만 다양한 귀족 문화가 꽃핀 시기이기도 하다. 피폐했던 백성들의 삶과 달리 문벌

귀족화된 호족들은 사치를 누렸고 이들을 통해 귀족 문화가 꽃피었다. 한편 세속적인 삶에 환멸을 느낀 사람들은 기존의 도가 사상을 발전시켜 도교가 종교로서 자리 잡기도 하였다.

3. ㉠ 과거제, ㉡ 대운하, ㉢ 고구려, ㉣ 비단길
- 수 양제: 팽창 정책을 펼치며 정복 전쟁을 많이 벌이고, 수많은 토목 공사를 실시하여 백성들을 힘들게 함.
- 당 태종: 강력한 왕권을 바탕으로 나라의 기틀을 마련하고 체제를 정비함.
- 당 고종: 태종의 후궁이었던 측천무후가 실질적 권력을 쥠.
- 당 현종: 절세미인 양귀비의 뜻에 따라 정치를 함.

[해설] 중국 황제들에 대한 한 줄 소개의 경우, 책의 내용과 크게 다르지 않다면 다양한 답변을 수용한다.

4. ㉠ 유학, ㉡ 당삼채, ㉢ 비단길

5. ㉠ 야마토, ㉡ 아스카, ㉢ 다이카 개신, ㉣ 가나

1. 토지를 농민들에게 나누어 주는 대신 농민들이 세금을 국가에 납부하는 방식이다.

2. 9품중정제는 중정관이 지방의 인재를 찾아 등급을 매겨 추천하면 관리로 선발해 주는 제도이다. 그런데 호족들이 서로 추천하면서 중앙 정부로 진출하였고, 이들이 관직을 독차지하고 세습하며 문벌 귀족으로 변하게 되었다.

[해설] 폴리스의 9품중정제의 문제점을 해결

하기 위하여 수는 과거제를 도입하였다. 당에서 과거제를 더욱 발전시켰으며, 훗날 고려도 과거제를 도입하게 된다.

3. • 조: 곡물을 내는 것.
   • 용: 군대나 각종 공사에 노동력을 제공하는 것.
   • 조: 사람마다 일정한 양의 직물 혹은 특산물을 세금으로 내는 것.

4. 대운하뿐 아니라 수많은 토목 공사에 백성들을 동원하여 백성의 불만이 커졌고, 고구려 정벌의 실패로 인해 반란이 발생하였다.
   [해설] 앞서 중국을 통일했던 진의 경우와 유사점이 많다. 진의 시황제도 대규모 토목 공사와 팽창 정책을 펼쳐 멸망의 원인을 제공하였다.

5. 위진 남북조 시대 때부터 발달한 귀족 문화가 수를 거쳐 당에 이르렀을 때 가장 발전했다. 그리고 수 때 만든 대운하 덕분에 창장강 남쪽의 풍부한 물자가 수도 장안으로 언제든지 공급되니 귀족들은 부족한 것 없이 화려한 문화를 즐길 수 있었다.

6. 한국, 중국, 일본은 불교, 유교, 정치 제도와 사상 등에서 공통점을 갖는다. 동아시아의 문화는 고구려, 백제, 신라가 중국의 우수한 문화를 수입하고 다시 일본으로 전파하였기 때문에 공통점을 가지게 되었다.

실력 키우기

01. [정답] ②
   [해설] 지도에서 보여주는 시기는 위진 남북조 시대이다. 남북을 잇는 대운하는 수나라 양제 때 건설되었다.

02. [정답] ⑤
   [해설] 호족들이 중앙관리로 출세할 수 있었던 비결은 9품중정제이고, 과거제는 수나라 문제가 실시한 인재 등용 제도이다. 왕실과 귀족의 보호를 받으며 성장한 종교는 불교로, 특히 고구려와 백제는 북조와 남조에서 불교를 받아들였다.

03. [정답] ①
   [해설] 박스 안의 설명은 당나라에 관한 설명이다. 선지에서 당나라에 대한 설명이 아닌 것은 ①번으로 이는 수나라에 대한 설명이다.

04. [정답] ①
   [해설]
   ② 당의 문화를 적극 수용하여 귀족 문화가 발달했다. - 나라 시대
   ③ 철제 농기구를 사용하여 벼농사를 짓기 시작했다. - 야요이문화
   ④ 일본 특유의 무사 정치가 시작된 시기이다. - 헤이안 시대가 끝난 후 막부시대가 시작되면서 무사 정치가 시작된다.
   ⑤ 일본 문자인 '가나'와 전통 노래 '와카'가 만들어졌다. - 헤이안 시대

05. [정답] ①-ⓒ-c, ①-ⓔ-f, ①-ⓜ-e
   ②-ⓖ-b, ②-ⓒ-a, ②-ⓗ-d

책을 읽기 전에

* 예시 답 생략

[해설] 본격적으로 책 읽기에 앞서 6장 도입부
에서 제시하는 목표를 읽으며 기억해야 할 내
용을 생각해 본다.

책을 읽으며

1. 예시 답 생략

[해설] 소제목 단위로 나눠 읽으며 중요하다
싶은 내용에 밑줄을 쳐 본다. 읽은 후 문제로
나올 만한 내용을 찾는다는 느낌으로 중요한
내용을 생각해 본다.

2. [해설] 스스로 읽으며 밑줄 친 내용과 일치하
는지, 어떤 내용이 빈칸으로 제시되었는지 생
각하며 읽는다.

🅑 메카가 왜 갑자기 떠올랐을까?: 이슬람교의
　성립과 이슬람 공동체 건설

　1) 사산, 비잔티움

　2) 메카, 메디나

　3) 이슬람

　4) 평등, 알라신

　5) 헤지라

🅑 이슬람이 수니파와 시아파로 분열한 까닭은?:
　정통 칼리프 시대와 시아파의 등장

　1) 칼리프

　2) 사산 왕조 페르시아, 포용

　3) 우마이야, 세습

　4) 시아, 수니

🅑 우마이야 왕조, 100년 만에 멸망하다: 우마이
　야 왕조의 흥망과 이슬람교의 교리

　1) 아바스

　2) 이란

　3) 쿠란

　4) 이슬람교의 다섯 기둥

🅑 왜 이슬람 국가들은 아바스 왕조를 멸망시키
　지 않았을까?: 아바스 왕조와 이슬람 분열

　1) 평등

　2) 탈라스, 바그다드

　3) 이집트, 파티마

　4) 칼리프

🅑 아라비안나이트를 '천일야화'라고 하는 이유:
　동서 교역 확대와 이슬람 문화권의 형성

　1) 바그다드, 유럽, 중국

　2) 아라비안나이트

　3) 아라비아, 화학

　4) 아라베스크

3. 예시 답 생략

[해설] 이슬람 관련 내용만 다루고 있어 상대
적으로 덜 복잡한 부분이다. 초기 이슬람의 역
사 흐름을 정리해 본다.

한눈에 보기

1. ㉠ 헤지라, ㉡ 칼리프, ㉢ 수니파, ㉣ 시아파

[해설] 이슬람 역사를 이해하기 위한 주요 개
념들을 먼저 익힌 후에 이슬람 제국의 성립과
변천 과정을 시대순으로 정리해 본다.

2. ㉠ 당, ㉡ 비단길

3. ㉠ 아라비안나이트, ㉡ 수학, ㉢ 연금술, ㉣ 모스크

역사 논술

1. 당시 서아시아의 사산 왕조 페르시아와 서쪽의 비잔티움 제국 두 강대국 사이에서 새로운 교역로를 찾던 상인들은 아라비아반도 서쪽의 홍해와 지중해를 연결하는 바닷길을 개척했다. 인도와 유럽을 연결할 수 있는 아라비아반도 서쪽의 도시 메카와 메디나를 이용하는 상인들이 늘어나자 두 도시가 급격히 성장하여 무역의 중심지로 떠올랐다.

2. 당시 사회는 메카와 메디나 지역에서 무역을 독점한 몇몇 귀족 가문만 큰 부자가 되어 부의 격차와 차별이 심했고, 교역로를 확보하려는 부족 간의 전쟁이 끊이지 않는 불합리한 상황이었다. 무함마드는 모든 인간이 알라신이 창조한 아담과 이브의 후손이라고 말하며 종족이나 계급에 상관없이 모두가 평등하다는 주장을 펼쳐 많은 신도의 지지를 받았다.
[해설] 이슬람교는 평등사상을 강조하였기 때문에 하층민들로부터 열렬한 지지를 받았으나, 귀족들로부터는 탄압을 받았다.

3. 아바스 왕조는 민족이나 인종을 차별하지 않았다. 아랍어를 공용어로 채택하긴 했지만 우마이야 왕조의 민족 차별 정책은 폐지했고, 민족에 상관없이 누구든 이슬람교로 개종만 하면 관리나 군인이 될 수 있도록 동등한 기회를 주었다. 또한 이슬람의 율법에 따라 정복지의 백성들까지도 평등하게 대했기 때문에 아바스 왕조에 이르러 이슬람교가 세계 종교로 도약했다는 평가를 받는 것이다.

4. 이슬람 상인들은 동양의 문물을 서양에 전파하여 유럽의 과학 기술 발달에 영향을 주었다. 이슬람 상인들은 중국에서 발명된 제지법, 나침반, 화약 제조 기술을 유럽으로 전파했고, 유럽은 이 기술을 바탕으로 과학을 발전시키고 근대화를 이루게 되었다.

5. 이슬람 문화 가운데 수학을 꼽을 수 있다. 오늘날 아라비아 숫자라고 부르는 0~9까지의 숫자는 이슬람 사람들이 인도의 굽타 왕조 때 만든 0과 숫자를 받아들여 최종적으로 완성한 것이다.
[해설] 이슬람교의 대표적인 문화인 문학, 수학, 화학, 건축, 장식 가운데 한 가지를 골라 적절한 예시와 특징을 들어 서술하면 된다.

실력 키우기

01. [정답] ④
[해설] 이슬람의 모스크는 종교 활동뿐만 아니라, 재판이나 집회도 열리는 일상생활이 이루어진 곳이다.

02. [정답] ③
[해설] ③아랍인 우대 정책을 펼쳤던 우마이야 왕조의 정책은 결국 반란을 불러일으켰다.

03. [정답] 1) - c, 2) - d, 3) - b, 4) - a

04. [정답] ④
[해설] 지도에 표시된 부분은 우마이야 왕조

의 영토를 보여준다. ④중앙아시아로 세력을 확장하고 비단길을 장악했던 것은 아바스 왕조로 당나라와 탈라스 강에서 전투를 벌였다.

05. [정답] ③

[해설] 이슬람에서는 《아라비안나이트》와 같이 이슬람의 민담에 세계 각지의 풍속까지 담은 방대한 문학작품이 만들어졌다.

06. [정답] ㉠시아파, ㉡이란, ㉢파티마

Chapter 07

책을 읽기 전에

* 예시 답 생략

[해설] 7장을 구성하는 부분별 제목을 훑어보며 중요하다고 생각하는 단어나 어구에 표시하며 어떤 내용일지 생각해 본다.

책을 읽으며

1. 예시 답 생략

[해설] 소제목 단위로 나눠 읽으며 중요하다 싶은 내용에 밑줄을 쳐 본다. 읽은 후 문제로 나올 만한 내용을 찾는다는 느낌으로 중요한 내용을 생각해 본다.

2. [해설] 스스로 읽으며 밑줄 친 내용과 일치하는지, 어떤 내용이 빈칸으로 제시되었는지 생각하며 읽는다.

㉴ 로마 교회는 왜 프랑크 왕국을 지지했을까?: 게르만족의 이동과 프랑크 왕국의 건국

1) 게르만, 서로마

2) 프랑크, 로마

3) 우마이야, 피핀

㉴ 프랑크 왕국이 분열한 까닭은 무엇일까?: 프랑크 왕국의 분열과 로마 제국의 부활

1) 카롤루스, 황제

2) 서유럽

3) 베르됭, 세, 동, 서

4) 신성 로마, 영국

㉴ 중세 유럽의 농민을 왜 농노라 부를까?: 중세 유럽 봉건제의 특징

1) 제후, 봉건, 주종

2) 장원, 자급자족

3) 영주, 농노

㉴ 크리스트교는 왜 분열했을까?: 비잔티움 제국의 흥망과 동유럽 문화권의 성립

1) 비잔티움, 유스티니아누스

2) 그리스, 헬레니즘

3) 성소피아, 천장, 모자이크

4) 그리스 정교, 슬라브

5) 오스만

㉴ 황제는 왜 교황에게 용서를 빌었을까?: 중세 크리스트교 문화의 발달

1) 성직, 면벌부

2) 황제, 교황, 교황

3) 로마네스크, 고딕

4) 스콜라, 대학, 기사

㉴ 십자군은 왜 같은 편인 비잔티움 제국을 공격했을까?: 십자군 전쟁과 장원 경제의 몰락

1) 예루살렘, 로마, 십자군

2) 크리스트, 영주, 도시

3) 길드, 한자

4) 흑사, 농노, 자치

ⓑ 백년 전쟁에서 기사들이 몰락한 이유: 중앙 집권 국가 등장

1) 대헌장

2) 합스부르크

3) 백년, 프랑스, 장미

4) 국민, 기사, 왕권

ⓑ 유럽은 왜 그리스 · 로마 문화를 되살리려 했을까?: 르네상스의 시작과 확산

1) 르네상스

2) 이탈리아, 로마, 비잔티움

3) 인체, 원근법

4) 알프스

5) 지동설, 금속

ⓑ 헨리 8세는 왜 로마 가톨릭을 버렸을까?: 종교 개혁 열풍

1) 루터, 제후, 농민

2) 스위스, 예정설

3) 수장령, 영국 국교회

4) 종교, 30년, 베스트팔렌

3. 예시 답 생략

[해설] 중세 유럽 사회, 경제, 종교 개혁 등 기억나는 내용을 중심으로 7장을 정리해 본다.

한눈에 보기

1. ㉠ 프랑크, ㉡ 비잔티움, ㉢ 오스만, ㉣ 카롤루스

2.

3. ㉠ 중앙 집권적, ㉡ 그리스 정교, ㉢ 고딕, ㉣ 비잔티움

[해설] 서유럽 세계와는 달리 비잔티움 제국은 독특한 문화를 형성했다. 강력한 중앙집권 체제, 로마 가톨릭과는 다른 그리스 정교회의 발달, 비잔티움 문화의 발전과 전파에 대해 정리해 본다. 그리스 정교는 이후 키예프 공국(러시아)으로 전파되어 러시아 정교가 되었다.

4. ㉠ 예루살렘, ㉡ 콘스탄티노폴리스, ㉢ 아비뇽 유수, ㉣ 백년 전쟁, ㉤ 잔 다르크, ㉥ 장미 전쟁, ㉦ 교황, ㉧ 중앙 집권 국가

[해설] 중세 유럽에서 교황권이 쇠퇴하게 되는 과정을 정리하고, 십자군 전쟁에 이은 백년 전쟁과 장미 전쟁의 결과를 요약해 본다.

5. 인간적인 그리스·로마 문화를 되살리려는 문예 부흥 운동

[해설] 책 내용을 바탕으로 르네상스에 대한 생각 그물의 빈 곳을 적절히 채워 본다.

6. ㉠ 루터, ㉡ 칼뱅, ㉢ 30년 전쟁, ㉣ 베스트팔렌

역사 논술

1. 아시아에서 건너온 훈족이 서쪽으로 이동하자 흑해 유역에서 살던 게르만족이 로마 제국의 영토로 이동하였다. 그리고 게르만 용병 부

대의 대장 오도아케르가 반란을 일으켜 서로
마 제국이 멸망하였다.

2. 정복 전쟁을 통해 국력을 강화하였고, 로마 교
회로부터 로마 제국을 계승했다는 인정을 받
았다.
[해설] 프랑크 왕국의 카롤루스 대제와 동프랑
크 왕국의 오토 대제는 모두 로마 교회와 친밀
한 관계를 가졌다. 세력의 확장이 필요했던 로
마 교황으로부터 인정을 받으며 서로의 이득
을 취했다고 할 수 있다.

3. 중세 유럽의 봉건제는 쌍무적 계약으로 맺어
진 주종 관계가 바탕이 되었다. 주군으로부터
봉토를 받은 신하를 봉신이라고 불렀는데, 봉
신은 봉토를 받은 대가로 주군을 섬기고 충성
을 서약했다. 봉토는 장원의 형태로 운영되었
는데, 장원 내에 영주의 성과 교회가 있고, 모
든 생산과 소비를 장원 내에서 해결하는 폐쇄
적인 경제 체제였다.
[해설] 과거 중국의 주에서 시행된 봉건제는
혈연을 매개로 하였지만 유럽의 봉건제는 토
지를 매개로 하고, 양쪽이 계약을 체결함으로
써 이루어진다는 차이점이 있다.

4. 농노들은 노예와 다름없는 삶을 살았다. 재산
소유하고 결혼은 가능했지만 마음대로 이사
를 갈 수 없었고, 생활 시설을 사용할 때마다
영주에게 사용료를 내야 했으며 세금을 내고
심지어 영주가 생명을 빼앗기도 했다.

5. 셀주크 튀르크가 예루살렘을 점령하고 크리
스트교도의 순례를 막았기 때문이다. / 로마
교회의 교황이 비잔티움 제국 황제를 꺾고 로
마 교회의 우월함을 인정받고 싶었다. / 교황

의 권위를 높일 기회라고 생각했다.
[해설] 위의 세 가지 이유 가운데 두 가지를 들
어 서술하면 된다.

6. 비잔티움 제국의 선교사 키릴루스가 키예프
공국에 건너가서 키릴 문자를 만들었다. 그리
고 러시아 모스크바의 성바실리 대성당은 비
잔티움 양식으로 지어졌다.

7. • 교황은 권위가 추락하여 왕과 귀족들에게
감금당하는 아비뇽 유수까지 발생하였고,
교회가 분열되었다.
• 봉건 영주와 기사들은 전 재산을 바쳐 십자
군 전쟁에 참여했지만 전쟁에서 패배하여
빈털터리가 되었다.
• 이탈리아 남부 도시들은 십자군의 물자 보급
과 운송을 담당하며 크게 번영하였고, 도시
가 발전하며 장원이 무너지기 시작하였다.
[해설] 십자군 전쟁의 실패 이후 장원 경제는
조금씩 흔들리기 시작했다. 14세기에 흑사병
으로 유럽의 수많은 사람이 죽자 일손이 모자
라서 농민들이 목소리를 내기 좋은 환경이 조
성되었다. 이런 과정을 거치면서 중세 유럽을
지탱하는 장원이 붕괴되고 유럽의 중세 봉건
사회 전체가 흔들렸다. 그래서 유럽에도 중앙
집권 국가가 등장하기 시작했다.

8. 르네상스란 고대 그리스·로마의 문화를 되살
리자는 운동인데, 고대 로마의 문화유산이 이
탈리아에 가장 많이 남아 있었다. 또 지중해
일대의 무역을 통해 경제적으로 부유한 도시
들이 이탈리아에 많았다. 부유한 상인들은 예
술가와 학자를 적극적으로 후원했다. 그리고
비잔티움 제국이 멸망한 후 고대 그리스·로마

의 고전 문화를 연구하던 학자들이 이탈리아에 건너와 살고 있었다. 이와 같은 조건 덕분에 이탈리아에서 가장 먼저 르네상스가 꽃필 수 있었다.

9. 활판 인쇄술이 발명되면서 싼값에 책을 대중에게 널리 보급할 수 있게 되었다. 교회의 타락을 비판하는 글도 대량으로 인쇄되어 유럽 전역으로 전파되었기 때문에 더 빠르게 종교 개혁이 이루어질 수 있었다.

[해설] 활판 인쇄술이 발명되기 이전에는 책을 한 권 만들기 위해서 일일이 손으로 써야만 했기 때문에, 성서를 포함한 모든 책이 매우 귀할 수밖에 없었다. 정치인이나 종교인들이 말하는 것을 그대로 믿을 수밖에 없었던 대중들에게 성서가 널리 보급되면서 종교 개혁이 더욱 빠르게 진행될 수 있었다.

실력 키우기 📄

01. [정답] 성직자 선임권을 교황이 가져야 한다고 주장한 그레고리우스 7세와 황제가 가져야 한다고 주장한 신성 로마 제국 황제인 하인리히 4세가 맞섰으나, 황제가 교황에게 카노사에서 굴복하여 교황이 선임권을 가진 사건은?

02. [정답] 한쪽이 의무를 이행하지 않거나 거부하면 계약이 깨지는, 양쪽 모두가 의무를 이행해야 하는 계약 관계를 가리키는 용어는?

03. [정답] 북유럽의 수십여 개 도시가 동맹을 맺어 결성한 길드 조직은?

04. [정답] ①

[해설] 프랑크 왕국을 건설한 클로비스는 그가 스스로 기독교로 개종하여 로마교회와 로마의 문화를 받아들였다.

05. [정답] 로마네스크 양식 - 반원형 아치, 두꺼운 기둥 - 피사 대성당
고딕 양식 - 첨탑, 스테인드글라스 - 쾰른 성당
비잔티움 양식 - 원형 돔, 모자이크 - 성 소피아 성당

06. [정답] ③

[해설] 주군과 봉신의 관계가 혈연관계였던 것은 중국의 주나라로, 서양은 쌍무적 계약 관계로 맺어진 봉건제였다. 국왕은 봉토를 하사함으로써 영주의 자치권을 인정하였고, 영주는 충성을 맹세함으로써 쌍방 간의 의무에 기반한 계약이 성립하였다.

07. [정답] ⑤

[해설] 그리스 정교회에서는 성상 숭배를 금지했다.

08. [정답] ⑤

[해설]
① 신에 대한 믿음이 깨지며 교황과 교회의 권위가 추락했다.
② 영주와 기사들이 전 재산을 바쳐 전쟁에 참여했지만, 전쟁에서 패했고 장원을 떠나 자유를 얻은 농노들이 도시로 몰려들어 장원 경제가 무너졌다.
③ 교황과 영주, 기사 계급이 몰락하면서 상대적으로 왕권이 강화되었다.
④ 결국 비잔티움 제국은 셀주크 투르크에 의해 함락되었다.

09. [정답] 카노사의 굴욕(1077) - 십자군 전

쟁(1096) - 백년 전쟁(1337) - 장미 전쟁
(1455)

10. [정답] ③

[해설]

① 르네상스는 경제적으로 부유했던 피렌
체, 베네치아 등 북부 이탈리아를 중심으
로 시작되었다.

② 비잔티움 제국으로부터 탈출한 고대 로
마 문화를 연구하던 학자들이 이탈리아
로 건너와 영향을 주었다.

④ 로마 교황청을 비판한 루터의 성명이 계
기가 된 사건은 종교 개혁이다.

⑤ 르네상스는 이탈리아뿐 아니라 네덜란
드, 영국 등 북부 유럽에도 큰 영향을 끼
쳤다.

11. [정답] ②

[해설] 에라스뮈스의 작품은 〈우신예찬〉이다.

12. [정답] ⑤

[해설] 30년 전쟁 끝에 맺은 베스트팔렌 조
약에 의해 구교나 신교 중 개인의 종교를 선
택할 자유가 주어지게 되었다.

Chapter 08

책을 읽기 전에

[해설] 본격적으로 책 읽기에 앞서 8장에서 만날
수 있을 뿐만 아니라 역사책을 읽으며 자주 읽게
되는 용어를 익힌다.

① 문치주의 · · 어떤 분야에서 우두머리나 으뜸의 자리
를 차지해서 누리는 권리와 힘을 차지함

② 정복 왕조 · · 황제가 다스리는 국가

③ 제국 · · 한족이 아니면서 중국의 일부 또는
전부를 정복하고 지배하였던 왕조

④ 제패 · · 잘되어 일어남과 잘못되어 없어짐

⑤ 흥망 · · 무관보다 문관을 우대하는 정책

책을 읽으며

1. 예시 답 생략

[해설] 소제목 단위로 나눠 읽으며 중요하다
싶은 내용에 밑줄을 쳐 본다. 읽은 후 문제로
나올 만한 내용을 찾는다는 느낌으로 중요한
내용을 생각해 본다.

2. [해설] 스스로 읽으며 밑줄 친 내용과 일치하
는지, 어떤 내용이 빈칸으로 제시되었는지 생
각하며 읽는다.

🅑 문인만 우대하면 어떤 일이 벌어질까?: 송의
흥망과 북방 민족의 성장

1) 조광윤, 송

2) 문치주의, 신법 개혁

3) 몽골

4) 요, 금

5) 금, 남송

🅑 세계에서 가장 오래된 지폐는 무엇일까?: 송
의 경제와 문화의 발달

1) 이모작, 지폐

2) 해상, 국제 무역

3) 서민, 소설

4) 성리학, 과거

5) 화약, 나침반, 활판 인쇄술

ⓑ 칭기즈 칸이 중국을 정복하지 않은 까닭은?: 몽골의 세계 제국 건설 및 원 건국

  1) 테무친, 칭기즈 칸, 중앙, 이슬람, 러시아, 이란

  2) 금, 러시아

  3) 원, 남송

  4) 만주, 폴란드

  5) 천호, 기동력, 화살

ⓑ 원은 왜 100여 년 만에 멸망했을까?: 동서 교류의 확대와 개방적인 원의 문화

  1) 교통로, 무역항

  2) 이슬람, 서양, 종교, 개방적

  3) 잡극

  4) 몽골 제일, 쿠빌라이

3. 송, 요, 금, 원

[해설] 송나라부터 원나라까지 10~14세기 중국 역사에 등장하는 나라들과 그 나라들의 특징을 떠올리며 스스로 정리해 본다.

한눈에 보기

1. ㉠ 거란, ㉡ 여진

[해설] 송 때는 특히 북방 민족의 침입이 잦았다. 거란(요)과 탕구트(서하), 여진(금)이 차례로 송을 공격하였고, 군사력이 약했던 송은 공물을 바쳐 이들을 달래야 했다. 하지만 금의 공격으로 결국 북송이 멸망하고 남송 시대가 열렸으며, 남송마저도 끝내는 몽골 제국의 원에 멸망한다.

2. ㉠ 국가 전체의 군사력 저하, ㉡ 보수파의 반대, ㉢ 이모작, ㉣ 서민 문화

[해설] 송은 군사적으로는 약했지만, 농업과 경제가 성장하였고 과학 기술과 서민 문화가 특히 발달했던 시기이다.

3. ㉠ 칭기즈 칸, ㉡ 쿠빌라이 칸, ㉢ 남송, ㉣ 역참, ㉤ 동방견문록

역사 논술

1. 송 태조는 관리를 직접 뽑고, 무관보다 문관을 더 우대하였다. 하지만 송 전체의 군사력이 크게 약해져서 외세에 무릎을 꿇어야만 했다.

2. 중국 남부에서 이모작이 시작되었고, 창장강 하류 일대를 개간하여 농지를 늘렸다. 이로 인해 쌀 생산량이 크게 증가하였기 때문에 농산물을 거래하는 시장이 생겨났고, 화폐도 활발히 유통되면서 경제가 크게 발전하였다.

3. 송은 서민 문화가 발달하였다. 농업 생산량이 늘고 상업이 발달하며 경제가 살아나자 여유가 생긴 서민들이 문화를 즐기기 시작했다. 대도시에는 서민들이 즐길 수 있는 공연장이 들어서고, 소설과 수필이 유행하였다.

[해설] 당의 문화에 대한 〈보기〉의 설명을 참고하여 송의 문화를 비교 서술하도록 한다. 기존의 귀족 중심 문화에서 서민 문화로의 이행을 통해 당시 사회의 변화를 파악할 수 있다.

4. 병사를 10, 100, 1,000의 단위로 조직한 천호제로 명령을 신속하게 따르게 하였고, 병사들이 두세 마리의 말을 한꺼번에 끌고 다녀서 어디든지 신속하게 움직일 수 있었다.

[해설] 몽골은 동쪽의 만주에서 서쪽으로는 유럽의 폴란드와 헝가리 국경까지 이르는 거대

한 세계 제국을 건설하였다. 그 비결로 군사 시스템인 천호제와 몽골군의 뛰어난 기동력을 꼽을 수 있다.

5. 원을 비롯한 네 개의 한국은 모두 몽골 제국에 속한 나라들이었다. 쿠빌라이 칸이 다스렸던 원은 네 한국의 큰형님 역할을 했고, 다른 나라들은 원의 동생 나라였다.

실력 키우기

01. 1) [정답] X
[해설] 송은 절도사들이 난을 일으켜 멸망했다. → 송은 몽골의 침략으로 멸망했다. 절도사 난으로 멸망한 나라는 당이다. (1279년)

2) [정답] ○

3) [정답] ×
[해설] 원은 다른 나라와의 교역을 금지시켜 경제와 문화가 발달하지 못했다. → 원은 비단길, 바닷길, 초원길을 통한 서양과의 교류가 활발해지면서 해외무역에서 눈부신 발전을 이뤘다. 크리스트교, 라마교 등 다양한 종교와 문화가 유입되었다.

02. [정답] ⑤
[해설]
ㄱ. 농업을 장려하고 상업을 억제하였다. → 벼의 품종을 개량하고 새로운 농기구를 만들었을 뿐 아니라 '행'이라는 상인 조합과 '작'이라는 수공업자들의 조합이 등장해 상업이 발달했다.
ㄴ. 해상무역을 관리하기 위해 시박사를 두었다. → 항저우와 취안저우에 '시박사'

라는 관청을 두어 해외무역을 관리했다.
ㄷ. 은의 유입이 많아지자, 세금을 은으로 거두었다. - 은으로 세금을 거둔 것은 명나라 때이다.
ㄹ. 지배계층은 사대부로 성리학을 공부한 사람들이었다. - 송
ㅁ. 문치주의를 내세워 군사력이 약한 탓에 금의 침입으로 멸망하였다. - 문치주의 내세운 것은 맞으나 금이 아닌 몽골의 침입으로 망하였다.

03. [정답] ③
[해설] 테무친은 몽골족을 통합한 후 중앙아시아 정벌에 나섰다. 원나라를 세우고 남송을 멸망시킨 사람은 5대 쿠빌라이 칸이다.

04. [정답] ④
[해설] 원나라는 몽골 제일주의를 내세워 몽골인을 가장 우대했고, 그 다음엔 외국인을 뜻하는 색목인을 우대하는 차별정책을 썼다.

Chapter 09

책을 읽기 전에

* 예시 답 생략
[해설] 앞에서 읽은 내용을 생각하며 제시된 질문에 답하거나 생각하며 앞으로 읽을 내용을 생각해 본다.

책을 읽으며

1. 예시 답 생략

[해설] 소제목 단위로 나눠 읽으며 중요하다 싶은 내용에 밑줄을 쳐 본다. 읽은 후 문제로 나올 만한 내용을 찾는다는 느낌으로 중요한 내용을 생각해 본다.

2. [해설] 스스로 읽으며 밑줄 친 내용과 일치하는지, 어떤 내용이 빈칸으로 제시되었는지 생각하며 읽는다.

🅑 명이 해외 개척을 중단한 이유: 남해 원정과 명의 흥망

1) 명, 재상

2) 통치, 몽골, 한

3) 영락제, 팽창, 정화

4) 해금, 조선, 농민군

🅑 관료 월급을 은으로 준 이유는?: 명의 대외 교류와 경제 · 문화

1) 쌀, 작물, 면직물, 거래

2) 해금, 은

3) 선교사, 대포, 천문

4) 양명학, 신사

🅑 오늘날의 중국 영토는 언제 확정됐을까?: 청의 건국과 발전

1) 여진, 후금, 청, 베이징

2) 한족, 변발, 강압

3) 지정은, 러시아, 황제, 건륭제

🅑 청이 공행 제도를 도입한 까닭은?: 청의 대외 교류와 경제 · 문화

1) 해금, 광저우, 공행

2) 서민, 경극, 고증

🅑 일본이 임진왜란을 일으킨 까닭은?: 일본, 무사 정권 시대 성립

1) 고려, 이성계, 조선

2) 쇼군, 봉건

3) 가마쿠라, 무로마치

4) 전국

5) 도요토미 히데요시, 임진왜란

6) 일본, 중립

🅑 일본이 네덜란드에만 항구를 개방한 까닭은?: 에도 막부의 성립과 발전

1) 에도, 중앙 집권적, 산킨코타이

2) 무사 정권

3) 조닌, 국학

4) 네덜란드, 난학

3. 예시 답 생략

[해설] 도입부 질문을 다시 읽어보며 9장 내용을 바탕으로 간단히 정리해 본다.

1. ㉠ 한족, ㉡ 자금성, ㉢ 정화, ㉣ 해금, ㉤ 임진왜란, ㉥ 베이징

2. ㉠ 지정은, ㉡ 신사, ㉢ 양명학, ㉣ 고증학

[해설] 명·청 시기에는 송·원 시기와는 달리 해외 무역에 소극적이었다. 크리스트교나 서양 문화의 유입이 급격하게 이루어지면서 정부는 이를 경계하고 억제하는 정책을 펼쳤다. 하지만 급변하는 세계의 흐름은 막을 수 없었다.

3. ㉠ 쇼군, ㉡ 봉건제, ㉢ 도요토미 히데요시, ㉣ 에도, ㉤ 조닌

1. 백성을 가르치기 위한 여섯 가지의 가르침이

란 뜻의 육유를 반포했다. 육유에는 부모에게 효도하고 웃어른을 공경하며 이웃과 화목하게 지내라는 내용, 자식을 잘 교육시키고 자신의 생업을 열심히 하며 나쁜 짓을 하지 말라는 내용이 들어 있는데, 이를 통해 몽골족의 풍습을 없애고 유교를 바탕으로 한 한족의 문화를 되살리려고 했다.

[해설] 이외에도 명의 홍무제는 학교와 과거제를 정비하여 유교적 전통을 회복시키려 했다.

2. • 회유책: 한족의 문화를 존중하고, 한족을 관리로 등용했다. / 『사고전서』 등 고대 중국의 서적들을 정리하는 편찬 사업을 펼쳤다.
   • 강경책: 한족에게 만주족의 문화인 변발을 강요했다. / 만주족이나 청을 비판하는 책은 모조리 압수하고 출판하지 못하도록 했다.

[해설] 청은 과거제를 받아들여 만주족과 한족을 함께 등용하고, 대규모 편찬 사업에도 한족 학자들을 동원하는 등 한족의 우수한 문화를 받아들이기 위해 노력했다. 그러나 한족 중심의 중화사상을 엄격히 통제하였으며 한족에게도 변발과 호복을 강요하는 등 강경책도 함께 펼쳤다.

3. • 지정은 제도를 비롯하여 여러 제도를 정비하였다.
   • 러시아와 네르친스크 조약을 맺어 국경을 확정하였다.
   • 군기처를 설치하여 황제의 권력을 강화하였다.
   • 정복 전쟁을 벌여서 몽골, 만주, 티베트로 영토를 넓혔다.

4. 도요토미 히데요시의 지배를 받아들이지 않는 무사들의 불만을 밖에서 터트리게 하였다.

[해설] 전국 시대를 통일한 도요토미 히데요시는 임진왜란을 일으키지만 이는 실패로 돌아갔다. 전쟁에 패한 일본이 어수선해진 틈을 타서 도쿠가와 이에야스가 도요토미 히데요시 정권을 무너뜨리고 에도 막부를 열게 된다.

실력 키우기

01. 1) [정답] ×
[해설] 누르하치는 부족을 통일하고 중앙아시아로 진출해 영토를 넓혔다. → 명(중국)을 쳤다.

2) [정답] ○

3) [정답] ×
[해설] 청은 만주족의 전통을 이어가기 위해 한족을 차별하고 만주족을 비판하는 책은 압수하고 출판하지 못하도록 했다. → 한족을 차별하지 않았다. 한족 출신이라도 능력이 있으면 관리에 진출할 수 있도록 회유책도 썼다.

02. [정답] ③
[해설] 문제에서 설명하고 있는 신분은 '신사'로 명 시대의 지배계층이다. 따라서 보기 중 명 시대에 대한 설명을 찾으면 다음과 같다.
ㄱ. 학문은 실제 입증을 중요시하는 고증학이 발달했다. - 청
ㄴ. 남해 원정을 실시하여 30여 개국으로부터 조공을 받았다. - 명
ㄷ. 마테오 리치가 제작한 〈곤여만국전도〉로 중국 중심 세계관에 영향을 받았다. - 명
ㄹ. 대중예술로 경극, 『홍루몽』 등이 인기를 얻었다. - 청

ㅁ. 인두세를 토지세에 합친 지정은제가 실
   시되었다. - 청

03. [정답] ㉡
   [해설] ㉡ 세금을 은으로 납부하던 것은 그
   대로 유지했다.

04. [정답] ①
   [해설] 네덜란드와 우호적인 관계를 형성한
   것은 에도막부 시대이다.

Chapter 10

책을 읽기 전에

* 예시 답 생략
   [해설] 제시된 질문에 답하며 10장 내용을 예
   측해 본다.

책을 읽으며

1. 예시 답 생략
   [해설] 소제목 단위로 나눠 읽으며 중요하다
   싶은 내용에 밑줄을 쳐 본다. 읽은 후 문제로
   나올 만한 내용을 찾는다는 느낌으로 중요한
   내용을 생각해 본다.

2. [해설] 스스로 읽으며 밑줄 친 내용과 일치하
   는지, 어떤 내용이 빈칸으로 제시되었는지 생
   각하며 읽는다.

📵 터키의 나라 이름은 민족 이름에서 따왔다?:
   이슬람 세계의 변화
   1) 셀주크 튀르크, 바그다드, 술탄

2) 이슬람, 성지 순례
3) 십자군, 몽골
4) 아바스, 티무르
5) 몽골, 티무르
6) 페르시아, 튀르크, 중계
7) 사파비, 시아파

📵 오스만 병사들이 함대를 등에 지고 산을 넘은
   까닭은?: 오스만 제국의 성립과 발전
   1) 오스만 튀르크, 발칸
   2) 크리스트, 비잔티움
   3) 맘루크, 술탄 칼리프
   4) 헝가리, 유럽, 신항로
   5) 신성, 레판토

📵 오스만 제국에서는 왜 커피가 유행했을까?:
   오스만 제국의 경제와 문화 발전
   1) 중계 무역, 이스탄불
   2) 이슬람, 비잔티움, 성소피아
   3) 관용, 종교
   4) 예니체리, 유럽
   5) 커피, 유럽

📵 마라타족이 무굴 제국과 내분을 벌인 까닭
   은?: 무굴 제국의 성립과 발전
   1) 이슬람, 맘루크, 델리
   2) 무굴, 아크바르
   3) 아크바르, 관용
   4) 지즈야, 힌두교
   5) 정통주의, 영국

📵 타지마할은 종교 융합의 상징: 무굴 제국의
   문화와 경제 발전
   1) 인도이슬람, 타지마할
   2) 시크교, 힌두, 페르시아

3) 인도양, 면직물

4) 동인도, 서양

3. 예시 답 생략

[해설] 10장 내용을 읽고 생각나는 내용을 정리해 본다.

한눈에 보기

1. ㉠ 셀주크 튀르크, ㉡ 일한국 ㉢ 티무르, ㉣ 오스만, ㉤ 사파비

[해설] 유목민족이었던 튀르크족은 이슬람 세계를 모두 정복하고 아프리카 지역까지 진출하였다. 오스만 튀르크가 세운 오스만 제국은 이슬람의 1인자가 되어 20세기 초까지 그 명맥을 유지한다.

2. 이슬람의 정신적 지도자 = (칼리프)

이슬람의 정치적 지도자 = (술탄)

㉠ 이스탄불, ㉡ 술레이만 1세, ㉢ 레판토

3. ㉠ 바자, ㉡ 지즈야, ㉢ 밀레트, ㉣ 성소피아 성당

[해설] 지붕이 얹혀 있는 대형 시장을 '바자'라고 한다. 오스만 제국은 '지즈야'라는 인두세만 내면 자기 민족의 종교와 전통, 언어를 지킬 수 있도록 존중해 주었다. '밀레트'는 다른 종교를 믿는 민족들의 자치 공동체를 뜻하는 말이다.

4. ㉠ 아크바르, ㉡ 지즈야, ㉢ 우르두어, ㉣ 시크교

역사 논술

1. 셀주크 튀르크가 예루살렘을 정복한 후에 크리스트교도들의 성지 순례를 방해하였다. 비잔티움 제국을 공격하기도 하고, 비잔티움 제국의 황제를 처형하기도 했다. 이러한 강경 정책 때문에 유럽의 기독교 세력과 부딪히게 된 것이다.

2. 사마르칸트는 중앙아시아에 있는 오아시스 도시로, 비단길과 인도에서 러시아에 이르는 남북 교역로가 교차하는 지점에 위치해 있었다. 그래서 중계무역을 통해 큰 이익을 남기며 번영할 수 있었다.

[해설] 사마르칸트의 당시 건물들은 화려한 장식이 되어 있는 청색 돔으로 유명하며 '푸른 돔의 도시'라고도 불린다.

3. 오스만 제국의 술레이만 1세는 유럽 연합 함대를 격퇴하여 지중해, 홍해, 아라비아해 연안을 모두 장악했다. 해상 무역의 길이 막히자 서유럽 국가들은 신항로 개척에 나설 수밖에 없었다.

[해설] 향신료 같이 인도와 동남아시아에서 생산되는 상품을 필요로 했던 유럽은 해상 무역의 길이 막히자 아프리카를 빙 둘러가거나 대서양을 건너서 해로를 개척하고자 했다.

4. 오스만 제국은 지즈야라는 인두세만 내면 이민족이 자신의 종교와 문화를 유지할 수 있도록 해 주었다. 오스만 제국은 넓은 영토와 다양한 민족을 효과적으로 다스리고 이민족의 충성심과 복종을 유도하기 위해서 이러한 관용 정책을 실시하였다.

5. 오스만 제국은 다른 민족의 문화를 배척하지 않았다. 그 예로 성소피아 성당은 비잔티움 제국의 건축물이지만, 성당을 파괴하지 않고 네

개의 첨탑을 추가해 이슬람 사원으로 개조했다. 이처럼 오스만 제국은 지배했던 나라의 다양한 문화를 모두 흡수하여 융합적인 문화를 만들었다.

6. 아크바르 황제는 인두세인 지즈야를 폐지하고 모든 종교를 아우르는 관용 정책을 펼치며 제국을 통치했다. 반면 아우랑제브 황제는 이슬람 정통주의를 추구하며 지즈야를 부활시키고 힌두 사원을 파괴하였다.
[해설] 아우랑제브 황제 때 최대 영토를 확보하기는 하였지만 민족을 융합하고 안정적으로 번성했던 아크바르 황제 때를 무굴 제국의 전성기라고 본다.

7. 인도·이슬람 문화를 대표하는 건축물로 타지마할을 들 수 있다. 힌두 양식을 따른 내부의 연꽃무늬 장식과 이슬람 양식을 따른 뾰족한 첨탑과 지붕의 둥근 돔의 조화가 아름답다. / 무굴 제국은 힌두어와 아랍어, 페르시아어를 모두 배합한 언어인 우르두어를 사용했다. / 무굴 제국 시기에 힌두교+이슬람교가 융합한 새로운 종교인 시크교가 등장했다. / 힌두 양식과 페르시아 양식이 혼합된 무굴 회화가 인도·이슬람 문화를 대표한다.

실력 키우기 📑

01. (1) [정답] 오스만 제국
   [해설] 비잔티움 제국을 멸망시킨 건 오스만 제국 메메트 2세 때이다.(1453년)

   (2) [정답] 일한국
   [해설] 칭기즈 칸의 손자 훌라구는 바그다드

를 점령하고 아바스 왕조를 멸망시켰다.

(3) [정답] 사파비
[해설] 페르시아 지역에 시아파를 국교로 삼았다.

(4) [정답] 셀림 1세
[해설] 오스만 제국의 9대 술탄 셀림 1세는 맘루크 왕조를 정복하고 술탄-칼리프 칭호를 얻게 되었다.

02. [정답] ⑤
[해설] 보기에서 설명하는 왕조는 티무르 왕조이다. 티무르는 일한국을 병합한 뒤 넓은 영토를 정복하면서 정복지의 사람들을 잔인하게 죽였기 때문에 이민족 포용정책을 펼쳤다는 설명은 옳지 않다. 이스파한과 바그다드를 점령하고 이민족 포용정책을 펼친 왕조는 사파비 왕조이다.

03. [정답] (1) - ③ , (2) - ④, (3) - ①, (4) - ②

04. [정답] ⑤
[해설] 천일야화는 사산 페르시아와 관련 있다.

05. [정답] ③
[해설] 커피가 오스만 제국에서 유래한 것은 맞지만, 이것을 대제국으로 성장할 수 있었던 요인으로 보기는 어렵다.

06. [정답] ①
[해설] 술레이만 1세의 업적을 찾는 활동이다.
① 헝가리 왕국을 정복했다. - 술레이만 1세
② 유럽 연합 함대인 신성동맹을 격퇴했다.
   - 셀림 2세

③ 비잔티움 제국을 멸망시켰다. - 메흐메
트 2세

④ 콘스탄티노폴리스의 이름을 이스탄불로
고쳤다. - 메흐메트 2세

⑤ 술탄-칼리프 칭호를 얻은 최초의 왕이
다. - 셀림 1세

07. [정답] ②

[해설] 지도에서 설명하는 영토는 인도 최대
의 영토를 확보했던 아우랑제브 시기의 무
굴 제국이다. 아우랑제브의 업적이 아닌 것
을 고르는 활동이다.

② 지즈야를 폐지하고 종교를 아우르는 관
용정책을 펼친 것은 아우랑제브의 할아버
지 아크바르 황제 때의 업적으로 옳지 않다.

Chapter 11

① 신항로
② 절대 왕정
③ 중상주의
④ 과학 혁명
⑤ 계몽사상

- 군주가 법률이나 기관에 구속받지 않는 절대적 권한을 가지는 정치 체제
- 국력을 증가시키려는 목적으로 정부가 자기 나라의 경제를 보호하고 산업을 육성하는 정책
- 이성으로 세계를 보고, 인류의 진보를 위해 낡은 제도를 타파하며 사회를 개혁하자는 이념
- 선박이 지나다니는 해로로 새로 발견된 항로
- 17세기 갈릴레이, 뉴턴 등을 통해 과학 분야에서 일어난 놀라운 변화와 업적

[해설] 11장에 등장하는 용어와 뜻을 연결하며
미리 익힌다.

1. 예시 답 생략

[해설] 소제목 단위로 나눠 읽으며 중요하다
싶은 내용에 밑줄을 쳐 본다. 읽은 후 문제로
나올 만한 내용을 찾는다는 느낌으로 중요한
내용을 생각해 본다.

2. [해설] 스스로 읽으며 밑줄 친 내용과 일치하
는지, 어떤 내용이 빈칸으로 제시되었는지 생
각하며 읽는다.

🅑 포르투갈 선박은 왜 아프리카를 빙 돌아서 인
도에 갔을까?: 신항로 개척 시대 개막

1) 동방, 지중해, 교역로

2) 크리스트교, 향료

3) 포르투갈, 희망봉, 인도

4) 대서양, 인도, 아메리카

5) 마젤란

🅑 가격 혁명과 상업 혁명은 왜 일어났나?: 신항
로 개척이 바꾼 세계 역사

1) 대서양, 가격, 상업, 자본주의

2) 마야, 잉카

3) 노예, 삼각 무역

4) 감자, 옥수수

5) 카니발

🅑 관료제와 상비군이 도입된 까닭은?: 절대 왕
정의 성립

1) 절대 왕정, 중상주의

2) 왕권신수설, 관료제, 상비군

3) 시민, 왕

4) 시장, 식민지

독일과 러시아에는 왜 시민 계급이 약했을
까?: 서유럽과 동유럽의 절대 왕정

1) 에스파냐, 영국

2) 엘리자베스 1세, 인도

3) 루이 14세, 베르사유

4) 계몽 군주

5) 프로이센, 오스트리아, 러시아

 만유인력 발견이 과학 혁명을 이끌다: 17~18
세기 유럽의 과학과 문화

1) 근대 철학, 베이컨, 데카르트

2) 로크, 계몽

3) 국가 권력, 루소

4) 과학 혁명, 만유인력, 종두법

5) 바로크, 바흐, 고전

3. 예시 답 생략

[해설] 11장 내용을 바탕으로 당시 유럽 역사
를 한 문장으로 설명할 수 있는 내용을 생각해
본다.

한눈에 보기

1. ㉠ 이슬람, ㉡ 에스파냐, ㉢ 마젤란, ㉣ 대서
양, ㉤ 잉카, ㉥ 식민지

[해설] ㉠에 들어갈 내용으로 '이슬람' 또는
'오스만 제국'을 모두 답으로 허용한다.

2. ㉠ 관료제, ㉡ 상비군

에스파냐 - 펠리페 2세

영국 - 엘리자베스 1세

프랑스 - 루이 14세

러시아 - 표트르 대제

3. ㉠ 계몽, ㉡ 만유인력, ㉢ 바로크

역사 논술

1. 서유럽 상인들도 동방 무역에 관심이 컸으나
비잔티움 제국이 멸망한 후에 오스만 제국이
지중해를 장악한 데다 이미 이탈리아와 이슬
람 상인이 교역로를 장악하고 있었다. 그래서
아시아에서 직접 향료를 사 올 수 있는 새로운
항로를 개척하기 시작했다.

2. 유럽 상인들은 아프리카에 무기와 면제품을
팔고 흑인 노예를 샀다. 그리고 아메리카에서
노예를 팔고 담배와 설탕 같은 제품을 사 와서
유럽에 내다 팔았다. 이 무역으로 인해 유럽
상인들은 큰돈을 벌었지만 아프리카 사람들
은 노예 무역으로 큰 고통을 받았다.

3. 왕의 권한은 <u>신이 내려준 신성한 것이기 때문
에 왕은 땅 위에서 신과 같은 권력을 갖는다.
그러므로 모두가 왕에게 절대 복종해야 한다.</u>
[해설] 왕권신수설은 절대 왕정의 성격을 단적
으로 보여 준다.

4. • 관료제란 왕의 명령이 즉각 이행될 수 있도
록 전문적인 행정 능력을 가진 사람들을 관
료로 임명하는 제도를 말한다.

　• 상비군이란 왕의 명령이 떨어지면 바로 전
투에 투입할 수 있는 군대를 말한다.

5. 동유럽은 도시와 상공업이 크게 발달하지 않
았고, 농업 경제에서 벗어나지 못하고 있었기
때문에 시민 계급의 힘이 약했다. 서유럽과 같
은 절대 왕정이 들어서기 어려웠던 동유럽 국
가의 왕들은 시민 대신 귀족과 힘을 합쳐 나라
를 개혁했다. 위로부터의 개혁을 추진했기 때
문에 동유럽의 왕들을 계몽 군주라고 부른다.

01. [정답] ④

02. [정답] ④

[해설] 영국의 절대왕정을 이끈 국왕은 엘리
자베스 1세이다.

03. [정답] ②

[해설] 신항로 개척으로 가장 큰 타격을 받
은 계층은 지주귀족과 노동자이며, 지주귀
족의 농산물을 식민지에 팔 수도 없었다.

04. [정답] ⑤

[해설] ①~④는 신항로 개척이 일어날 수 있
었던 원인에 해당한다.

05. [정답] ⑤

[해설] 루소, 로크, 몽테스키외는 계몽사상
가로 인간은 사회와 계약했으며 국가가 계
약을 위반하면 국민은 저항할 권리가 있다
는 주장을 통해 국민 주권(민주주의)을 주장
했다. 몽테스키외는 국가 권력이 한쪽으로
치우치지 않기 위해 입법, 사법, 행정으로
나누어 균형을 갖춰야 한다고 주장했다. 루
소는 법 앞에서 모든 국민은 평등하다고 주
장했다. 이는 모두 국민이 주인이며 평등하
다는 사상으로 민주공화정 수립에 기여했
다고 할 수 있다. (끝)